Akamu Hui

SANARNO

Reiki

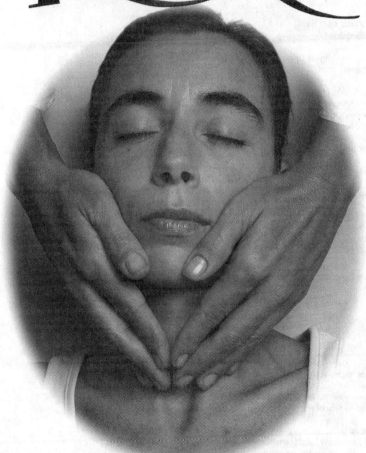

Deva's

Sanarnos con Reiki
© Deva's, 2004

TRADUCCIÓN: Miguel Grinberg
FOTOGRAFÍAS: Ariel Gutraich

DIVISIÓN ARTE LONGSELLER
DIRECCIÓN DE ARTE: Adriana Llano
COORDINACIÓN GENERAL: Marcela Rossi
DISEÑO: Javier Saboredo / Diego Schtutman
DIAGRAMACIÓN: Santiago Causa / Mariela Camodeca
CORRECCIÓN: Cristina Cambareri

Deva's es un sello de Longseller

Longseller S.A.
Casa matriz: Avda. San Juan 777
(C1147AAF) Buenos Aires
República Argentina
Internet: www.longseller.com.ar
E-mail: ventas@longseller.com.ar

615.882	Akamu Hui, Eguchi
AKA	Sanarnos con Reiki- 1ª ed.; 1ª reimp – Buenos Aires: Deva's, 2004
	208 p.; 22x16 cm. (Calidad de vida)
	Traducción de Miguel Grinberg
	ISBN 987-1102-22-4
	I. Título – 1. Reiki

 Esta edición de 3000 ejemplares se terminó de imprimir
en la Planta Industrial de Longseller S.A., Buenos Aires,
República Argentina, en mayo de 2004.

Método Secreto para convocar bendiciones

Medicina espiritual
para muchas enfermedades

Ahora mismo
no ofuscarme
no preocuparme
ser agradecido
perfeccionar mi labor
ser bondadoso con todos

De mañana y de noche, con las manos unidas
en postura de plegaria, recita mentalmente estas reglas
de conducta, y pronúncialas vocalmente.

Práctica Usui mejoradora de la mente y el cuerpo.
Fundador: Mikao Usui

Introducción

El Don de Sanar

De todas las artes *sanadoras* llegadas a Occidente desde el Asia, la disciplina japonesa conocida como **Reiki** constituye al mismo tiempo un tesoro inagotable de la cultura oriental y una bendición del universo infinito.

De modo natural, Reiki equilibra los centros energéticos y diluye los bloqueos funcionales, induce a la armonía emotiva, contribuye a la disolución de toxinas, serena el espíritu, y abre rumbos para la evolución consciente.

Antes que una técnica o un sistema según la racionalidad occidental, Reiki consiste en una dinámica, en un proceso de circulación de energía benéfica que por sí sola determina la sanación, sin que intervenga en absoluto la voluntad del reikista, quien actúa como conductor o canal de aplicación.

Una peculiaridad básica de Reiki consiste en que todo practicante o sanador debidamente iniciado por un maestro reconocido, puede tratarse a sí mismo o puede aplicarlo a otras personas. Mucha gente llega a iniciarse en esta práctica porque busca resolver "problemas de salud" personal, pero cabe resaltar que Reiki va mucho más allá de la dimensión física y abre caminos de superación en lo espiritual, lo psíquico y lo emocional.

Reiki no es una religión ni se le requiere al iniciado que forme parte de una organización específica. No está obligado a renunciar a su fe, si profesa alguna. La lectura minuciosa de cualquiera de los muchos libros que existen en la materia no habilita para convertirse en sanador, lo cual requiere una sencilla iniciación para recibir –por transmisión directa– la totalidad de los recursos necesarios para la práctica.

Todo lo que se conoce hasta el momento sobre este polifacético y milenario recurso natural rediseñado a finales del siglo XIX por el sabio **Mikao Usui** (1865-1926) es apenas una porción de una historia mayor que sigue desplegándose sin cesar a medida que la sabiduría Reiki se expande por todo el mundo.

Gracias a las enseñanzas reveladoras del maestro Usui, la sanación Reiki puede ser hoy practicada por cualquier persona. No obliga a entrenamientos sofisticados ni a prácticas formativas agobiantes. Usui afirmaba que *«en el universo, todo lo existente posee Reiki, es una onda energética de amorosidad superior emitida por la existencia suprema, en forma de luz pura»*. La expresión es traducible como **dinamismo universal de la vida.** Los dos ideogramas japoneses que lo constituyen son REI (que significa insondable o universal y abarca la dimensión espiritual o cósmica del alma: los japoneses solían denominarlo *potencialidad celestial*), y KI (referido a la energía vital que fluye en todos los reinos: humano, animal, vegetal y mineral, en el cosmos y en la tierra). Esto último fue antaño denominado **Ka** por los egipcios, **Qi** o **Chi** por los chinos, **Prana** por los hindúes, **Pneuma** por los griegos y **Mana** por los nativos kahunas de la Polinesia.

Sanar y curar

Resulta crucial asumir que **sanar** y **curar** son dos prácticas absolutamente diferenciadas. En principio, puede asumirse como **salud** el estado en que el ser orgánico ejerce normalmente todas sus funciones. Para la Organización Mundial de la Salud constituye el bienestar físico, mental y social. De un modo u otro, etimológicamente, **sanar** (del latín *sanare* y del inglés *to heal*) es restituir la salud perdida o contribuir a que un paciente recobre su salud, alterada por bloqueos energéticos o por desórdenes funcionales, ambientales, emocionales o alimentarios. Un sanador (o armonizador) puede hacerlo sin necesidad de un diploma profesional concedido por una universidad. En cambio, el acto de **curar** (del latín *guarire* y del inglés *to cure*) se practica en la órbita médica y consiste en aplicar al enfermo los remedios correspondientes a su enfermedad, que puede manifestarse por carencias, infecciones o disfunciones crónicas y, eventualmente, ello incluye prácticas quirúrgicas o el uso de sofisticados recursos científicos, farmacéuticos y tecnológicos. (Véase este tema más detallado en la sección "Práctica – Entre la Sanación y la Curación".)

Existen en la actualidad alrededor de treinta y dos modalidades reikistas, y por lo menos cuatro versiones muy diferentes sobre la vida y la obra de Usui. Pero todas parten del mismo encuadre original y, a pesar de algunas diferencias entre ellas, siempre permanece incólume el núcleo de la enseñanza original.

¿Cuáles son las cuatro historias diferentes sobre el maestro Usui? La primera está afincada en Japón, donde continúa el instituto fundado en 1922 por el iniciador de la corriente, el *Usui Reiki Ryoho Gakkai* (Escuela Usui de Sanación Natural). Se ciñe a prácticas intuitivas muy diferentes de las occidentales, y que según el tradicional hermetismo japonés se mantienen en un plano extremadamente reservado a sus practicantes.

La segunda historia fue elaborada por la maestra estadounidense Hawayo Takata (1900-1980), nacida en Hawai, iniciada por uno de los trece maestros japoneses formados por Usui –Chujiro Hayashi (1878-1940)– e introductora de Reiki en América del Norte, para lo cual creó una leyenda: convirtió al inspirado fundador en un monje cristiano (cuando en verdad era un devoto del budismo de la escuela Shingon). A partir de las técnicas de Usui, Hayashi fundó su propia escuela y fijó la secuencia de posiciones manuales que hoy constituyen la norma del Reiki practicado por los occidentales, las iniciaciones (afinaciones o "sintonizaciones") que permiten aplicar Reiki sencillamente, y los tres grados formativos para alcanzar la maestría en la práctica y a la vez formar nuevos maestros.

La tercera fue divulgada por el reikista alemán Frank Arjava Petter, quien radicado en Japón descubrió la tumba del fundador de Reiki –que posee un extenso testimonio de sus seguidores tallado en la lápida– y varios documentos originales con detalles de sus prácticas sanadoras, incluido el manual que distribuía entre sus alumnos japoneses.

Finalmente, hecho más reciente (1994), el contenido de un cofre, donde antes de fallecer Usui, presuntamente depositó sus trabajos teórico-prácticos, sus diarios personales y un antiguo tratado tibetano del siglo VII (*Tantra del Relámpago o de la Luz Espléndida*), los cuales habrían sido adquiridos en un monasterio Shingon por el general estadounidense George Blackwell durante la ocupación posterior a la derrota japonesa en la Segunda Guerra Mundial, y que van siendo interpretados y difundidos por su actual depositario (e hijo de aquel militar), Richard Blackwell, también conocido como Lama Yeshe, quien hoy enseña una modalidad llamada *Men Chhos Reiki*. Ante dudas creadas hasta la fecha por la no verificación efectiva de los documentos que proclama poseer, entre los adeptos a esta última versión se han desatado grandes controversias en Australia y Europa (véase capítulo 5).

Más allá de dichas singularidades históricas, Reiki se practica inequívocamente mediante la **imposición de manos**, tradición sanadora que se practicó tanto en el Antiguo Egipto como en varias antiguas escuelas budistas (en particular la tibetana), e incluso hay señales de ello en los Evangelios. Por ejemplo, leemos en el de Lucas: «*A la puesta del sol, todos cuantos tenían enfermos de diversas dolencias se los llevaban; y, poniendo él [Jesús] las manos sobre cada uno de ellos, los sanaba*» (cap. 4, vers. 40). Asimismo, leemos en Mateo (8, 2-3): «*Un leproso se acercó y se postró ante él,* *diciendo: "Señor, si quieres puedes limpiarme". Él extendió la mano, lo tocó y dijo: "Quiero, queda sano". Y al instante quedó limpio de su lepra».* Y en Marcos (8, 22-25): *«Le presentan a un ciego y le suplican que lo toque. Tomando al ciego de la mano, lo sacó fuera del pueblo, y habiéndole puesto saliva en los ojos, le impuso las manos y le preguntaba: "¿Ves algo?". El ciego, alzando la vista, dijo: "Veo a los hombres, pues los veo como árboles, pero que andan". Después, le volvió a poner las manos en los ojos y comenzó a ver perfectamente, quedó sano, de suerte que veía claramente todas las cosas».*

El *don de sanar* con Reiki no es sinónimo de misterio ni de magia. Su poderoso dinamismo natural apunta a estimular en el cuerpo humano sus propios recursos sanadores, mientras al mismo tiempo induce a una honda capacidad de relajación y de bienestar. Cada vez más se lo considera como complementario de las prácticas médicas institucionales y, a medida que se van verificando sus bondades, numerosos médicos y enfermeras lo toman en cuenta para llegar positivamente adonde muchas veces no resulta efectiva la medicina convencional.

Reiki se enseña progresivamente en base a tres "grados" o "niveles", que van complementándose a medida que el sanador pasa de la iniciación (curso básico) al plano de practicante (curso avanzado) y, eventualmente, al de *maestría*, tras un tercer ciclo de perfeccionamiento. Aunque para efectuar sanaciones basta cursar el primer grado de las prácticas que se imparten.

La sanación mediante la imposición de manos, presente en muchas tradiciones milenarias, asume al **Ki** (o **Qi**, según los antiguos chinos) como una energía primordial ilimitada que no sólo circula por el universo y todos los componentes terrestres, sino también a través del cuerpo humano entero, donde regula la circulación sanguínea, los procesos hormonales y digestivos, y los recursos de equilibrio y autoprotección. Algunos investigadores occidentales suelen llamarla "energía psíquica" y en Rusia la denominan "bioplasma".

13

Energía preventiva

Un sabio y benefactor alemán, el doctor Albert Schweitzer, propulsor de un profundo concepto de "reverencia por la vida", señalaba que todo proceso de sanación se basa en el accionar de una poderosa energía creativa. Y decía: *«Los médicos no hacemos nada, sólo ayudamos a estimular al doctor interno»*. Por eso, en la práctica Reiki confluyen todos los potenciales universales capaces de contribuir al fortalecimiento de los procesos vitales.

Si bien la medicina occidental admite que el 75% de las afecciones humanas es de origen psicosomático, en la actualidad gran parte de sus estrategias de "cura" se basa en agentes químicos invasores que, con frecuencia, detonan procesos *iatrogénicos*, es decir, producen problemas funcionales que no existían antes de su aplicación. Esto no significa que haya que desechar medicamentos eficaces u otros procedimientos terapéuticos desarrollados por la tecnología médica. La prudencia enseña que cada cosa debe concretarse en su lugar y en el momento preciso.

Como práctica sanadora no invasora, Reiki reestablece el nexo entre la situación individual (o campo bioenergético) y la vitalidad universal. Contribuye a incentivar la recuperación energética personal o a equilibrar distorsiones manifestadas en el individuo, como dolores o malestares, que son el modo con que el ser humano expresa la existencia de un desorden muscular, emotivo o fisiológico. Reiki, que se concentra en las causas de todo desorden de la salud y no en sus síntomas o efectos, no busca reemplazar a la medicina convencional, sino que se brinda como un complemento operativo aplicado al máximo bienestar de la persona, antes de que se convierta en "paciente" de consultorio. Su accionar es fundamentalmente preventivo. Reiki se aplica en todo momento, no apenas cuando se verifican anomalías o molestias.

En todas las dinámicas sanadoras aplicadas por las tradiciones orientales, el énfasis se pone en la energía corporal y ambiental como un todo, sin pasar por alto lo referido a lo espiritual y lo emocional. Cuando en el cuerpo humano se debilita específicamente el potencial energético –por déficit o alteración del equilibrio funcional general–, aparece una serie de trastornos que comienzan como malestares, siguen como disfunciones, y en determinado momento se convierten en enfermedades.

De ahí que Reiki no plantee antagonismos con las prácticas científicas usuales en Occidente, y constituya en gran parte un recurso sanador preventivo. A la vez, es un auxiliar de toda "cura" encarada por la medicina convencional cuando ya se instaló la "enfermedad". Por eso la utilidad de resaltar la diferencia que existe entre *sanar* y *curar*, pues lo primero consiste en aliviar dolores, inducir al relajamiento mental y estimular al terapeuta íntimo de cada cual, en tanto lo segundo consiste en una serie de recursos externos que se utilizan cuando los internos han sido superados por completo, como sucede durante las infecciones virales o bacterianas, o los accidentes traumáticos.

Suele suceder que algunos profesionales de la salud no alcanzan a descifrar los mensajes del cuerpo humano que tiene ante sí en la camilla, o sea, cuando no hay claros signos patológicos que puedan caratularse. Entonces, es tentado por la figura del "virus" misterioso o el potencial "hipocondríaco" de algunas personas. Eventos que son posibles, pero que no siempre constituyen la realidad.

En todo caso, Reiki no es una fábrica de milagros. Las manos del reikista iniciado por un maestro cuyas raíces se remontan al "linaje" (o descendencia pedagógica de Mikao Usui), directamente sobre un individuo (algo que se aprende en el curso de primer grado) o a distancia (esta capacidad se activa durante el curso de segundo grado), ponen en foco la energía universal que sustenta con suprema coherencia toda forma de vida. Es una herramienta de salud. Asumiendo como *salud* no apenas el equilibrio de los procesos vitales, sino también una nutrición constante de los dones naturales de la persona, la satisfacción de sus necesidades profundas, el vigor constante de sus recursos espirituales, los vínculos armónicos con los demás, y la claridad acerca del sentido de la existencia. No se trata apenas de una interacción eficaz de su carne, sus huesos y sus fluidos, como si se tratara de un mecanismo.

Dinámica natural

El tratamiento Reiki es una actividad radiante sobre el cuerpo, las emociones, la mente y el espíritu de la persona, tanto para el alivio directo de un malestar como con otros efectos benéficos de tipo relajante, que solemos llamar paz, bienestar, seguridad.

Si bien en toda la dinámica Reiki está implícita una *espiritualidad* natural, no transita en absoluto algún ritual religioso, porque no apunta a edificar instituciones: carece de dogmas, doctrinas o deidades. Las cinco pautas de conducta establecidas por Mikao Usui son específicamente finalidades éticas. Reiki tampoco depende de creer o no creer: actúa de todas maneras porque se ciñe a la unidad cuerpo-mente-espíritu, clásica en todas las enseñanzas orientales.

Dado que la paz y la armonía son vivencias universales que están presentes en todas las culturas, Reiki estimula los ideales de valor y virtud que rigen todos los credos de elevación y crecimiento pleno. Y si bien es *oriental* en su origen, su veloz expansión en Occidente durante las últimas dos décadas demuestra su universalidad.

Nuestra vida es resultado de la expansión plena de energías que impregnan la existencia por doquier, tanto a nivel de las células y los órganos de los mamíferos, los vegetales y todo el mundo animal y mineral, como en el aire, los mares, y las esferas cósmicas. Cuando ese fluir infinito se interrumpe, las funciones básicas se deterioran.

Si se trata de un cuerpo humano, al principio hay una disfunción en el seno de los tejidos que va acompañada de alteraciones en los pensamientos y sentimientos. Reiki sana porque restablece el fluir de la energía universal en las áreas físicas afectadas y diluye todo tipo de "negatividad" anímica. Clarifica, estimula y tonifica de modo natural, espontáneo. Para ello, el reikista debe estar en sintonía con la frecuencia energética del *Ki* que el sabio Usui puso a disposición de la humanidad en un acto de generosa devoción y compasión.

No se trata de fenómenos accidentales o fortuitos. La práctica Reiki es más un itinerario de vida radiante que un ceremonial sanador ocasional. Reiki es de todos y para todos, pues nacemos inundados e inmersos en un dinamismo energético que es como una luz que brilla incondicionada, fortaleciendo sin cesar los cuerpos y las almas, la Tierra y el cosmos, el eterno presente.

Existe una amplia documentación sobre las propiedades de la energía espiritual universal que, claro está, para un amplio segmento de la humanidad equivale a decir *Dios*, con múltiples nomenclaturas según las diferentes religiones que se conocen. Sin necesidad de adscribirse a alguna de ellas en particular, sabemos que tal *energía* puede convertirse en una dinámica, en una potencialidad consciente, con propiedades definidas. Los exploradores de los universos intangibles, mediante los sentidos convencionales del ser humano, la han resumido con estas características:

1. Se manifiesta dentro y a través de todas las cosas. No hay un solo objeto vivo o inanimado, en todo el universo, que no sea atravesado completamente por tal energía, desde la estrella más brillante hasta el puñado de piedras más inerte. Con particularidades diversas, pero de modo unánime, todas las cosas la contienen.

2. Puede verificarse u observarse, pero aun cuando esto no resulta posible, está siempre presente. Viaja con todas las demás formas de energía, en especial la *fotónica* (luz) y las transmisiones electromagnéticas.

3. Puede polarizarse y se comporta de manera similar a la luz, incluso atravesando lentes y reflejándose en espejos.

4. Se ha observado que emana de todo el cuerpo, pero en particular de las yemas de los dedos y de los ojos.

5. Como esta energía está presente en toda materia, puede acumularse en cualquier materia, concentrarse en objetos y, eventualmente, liberarse a voluntad.[1]

6. La mente individual puede capacitarse para que esta energía opere. En sí no es algo nuevo, y su uso se remonta a los primeros humanos que habitaron nuestro planeta.

El sanador gentil

Todavía falta mucho para que la ciencia occidental asuma definitivamente que hay múltiples realidades universales que no pueden ser reproducidas en un laboratorio, por más innovadora que logre ser la tecnología. Si bien las máquinas Kirlian pueden registrar la presencia del *aura* humana (hecho negado por científicos "realistas" durante mucho tiempo) y si bien durante siglos las ciencias "duras" se negaron a aceptar los mundos espirituales, paulatinamente van verificándose avances en la comprensión de lo aparentemente incomprensible. Sin duda, a esto ha contribuido valiosamente la física cuántica. (Véase el capítulo 9 "Ki: Energía suprema".)

Algunas variantes de prácticas sanadoras desarrolladas en el seno de la comunidad Findhorn de Escocia (no vinculadas a Reiki, pero igualmente expresivas)[2], resaltan que la sanación es un proceso de liberación y de entrega donde uno siente y libera por completo todos los dolores, miedos y bloqueos. Sólo después de sentir plenamente las emociones se puede liberar la energía encerrada en la experiencia... *«Nuestros ancestros prehistóricos que vivían de la tierra como cazadores, confiaban muchísimo en sus sentimientos e instintos. La su-*

---

1. *Charles W. Cosimano*, Psychic Power, *Llewellyn Publications, 1989.*

2. *Michael Bradford*, La curación espiritual por imposición de manos, *Longseller, 1996.*

pervivencia dependía de que estuvieran en contacto con sus senti- mientos y sensaciones corporales. En la sociedad actual, tan estruc- turada y mecanizada, hemos perdido contacto con nosotros mismos y reprimido muchos de nuestros sentimientos. Anestesiamos nues- tros sentidos con drogas, alcohol, cigarrillos y televisión.»

Con sencillez extrema, Reiki ayuda a equilibrar la energía vital del individuo poniéndola en contacto con las energías vitales universales. Aplicado con las manos, siguiendo una secuencia definida, no presio- na ni manipula al individuo receptor. Tampoco le requiere al sanador ninguna sofisticación técnica. La energía circula sin esfuerzo alguno. Durante la sesión Reiki, al producirse la resonancia entre lo universal y lo individual, se concreta una especie de reorganización funcional que optimiza la "salud" en todos los planos posibles. Todo ello es po- sible porque el universo existe gracias a una "inteligencia" energética magistral y sutil que tiene como finalidad un servicio supremo, una amorosa celebración infinita. De ahí que algunos practicantes consi- deren el Reiki como un *sanador gentil*.

Clasificado también en círculos holísticos como "sanación energéti- ca" o "terapia vibracional", Reiki canaliza la energía *pránica* (manifes- tación de la vitalidad universal) hacia la configuración cuerpo-mente. De este modo, el individuo receptor va sanándose a partir del ingreso de una frecuencia de alta vibración energética portadora del "amor" uni- versal. En este sentido, hay maestros que prefieren traducir la sílaba *Rei* como **energía celestial** capaz de nutrir los planos sutiles superiores del ser humano, y *Ki* como **energía telúrica** que alimenta a los seres vivos. Al producirse la confluencia de ambas –mediante la utilización de simbologías universales sólo existentes en la práctica Reiki– se produ- ce puntualmente la sanación.

El eje principal de las prácticas orientales (China, India, Japón y Tí- bet) referidas al equilibrio energético de los individuos, incluidas artes marciales suaves como el **Aikido** o el **Tai Chi Chuan**, se basa en la superioridad del mantenimiento de la buena salud (medicina preven- tiva) sobre la cura de enfermedades. Los reikistas se fortalecen (protegen) mediante autotratamientos diarios, o a través de la aplicación constante de Reiki a otras personas.

Cabe tener en cuenta que virus y bacterias de variado poder ofensivo están siempre presentes en el cuerpo humano, parasitariamente. Mientras no violentemos nuestros procesos naturales, no les abriremos paso. La clásica expresión "defensas bajas" se refiere a esa situación de vulnerabilidad. De igual manera, en el contexto de la vida metropolitana que practica la mayoría de los occidentales, el cuerpo es constantemente agredido con toxinas y contaminantes de todo tipo: si bien nuestro cuerpo produce sin cesar agentes químicos defensivos, no siempre logra neutralizar los embates nocivos del entorno natural degradado. Obviamente, una alimentación balanceada resulta fundamental para apuntalar la resistencia corporal.

Mikao Usui explicitó sus metas sanadoras de modo bien claro cuando las presentó en sociedad:

«Desde épocas inmemoriales, ha sido muy frecuente que cuando alguien encontraba una ley secreta y original, la guardaba para sí mismo o la compartía solamente con sus hijos y alumnos. Este secreto no lo comunicaba a extraños y así aseguraba el futuro material de sus descendientes. Pero se trata de una actitud anticuada del siglo precedente. En los tiempos de ahora, la felicidad de la humanidad depende del trabajo en común y del deseo de progresar socialmente. Por este motivo, jamás permitiré que alguien guarde a Reiki únicamente para sí mismo. Nuestro Reiki Ryoho es completamente original: no tiene comparación con ninguna otra disciplina del mundo. Por eso anhelo que Reiki esté al alcance de toda la gente, para el bienestar de los seres humanos. Todos tenemos el potencial para recibir un don de lo Divino, cuya meta consiste en unificar el cuerpo y el alma. Así, mucha más gente podrá experimentar la bendición divina.»

«Ante todo, nuestro Reiki Ryoho es una terapia original, basada en la energía espiritual del universo. Por su intermedio, primero se le otorga salud al ser humano, y después se desarrollan la paz de la men-

te y la alegría de vivir. Hoy resulta fundamental que mejoremos y re-compongamos nuestras vidas a fin de que nuestros semejantes queden libres de la enfermedad y los padecimientos emotivos. Por esta razón, me animo a enseñarle esta disciplina al público libremente.»

Reiki, como vitalidad universal de la existencia, permite transmitir una energía inteligente orientada a la organización de los ciclos vitales que al actuar de modo interdependiente se nutren entre sí, se polarizan y vuelven a entrelazarse, para crear así las bases de una expansión incesante que constituye la base de la salud. Sus maestros explican que hay tres clases de *Ki*: el del espacio cósmico, el de nuestro planeta y el que late en todos los seres vivientes. Sin la consolidación de un bienestar personal resulta imposible que el *Ki* individual pueda armonizarse con el del entorno natural, las esferas universales y, claro está, sus congéneres. Así como sana (corrige) los desórdenes de nuestro ámbito físico, Reiki estimula nuestro desarrollo espiritual, psíquico y emocional. El darlo y recibirlo es una experiencia personal única que enriquece la latitud vivencial del individuo sin otro requisito que la sinceridad, la confianza y el anhelo de purificación. Reiki, en gran medida, es un acto de amor con la totalidad de la Creación. Se adapta flexiblemente a las necesidades de cada cual y sana sin reticencias, de manera absoluta, sin filtros ni discursos.

Finalmente, Reiki posee otro don único, que se despliega junto con las energías que comunica: despierta potenciales adormecidos, dones latentes, percepciones inactivas acerca de un nuevo mundo posible. De allí que vaya mucho más lejos que el mero acto de la sanación de afecciones, dolencias y malestares. Si se tratara apenas de eso, no pasaría de ser un simple analgésico. En cambio, cuando canaliza la energía (espiritual) universal crea una ceremonia maravillosa de *génesis metafísico*: la circunstancia donde tanto el dador como el receptor se predisponen a recrear el mundo espontáneamente, sin atarse a las rutinas agónicas de una falsa *cultura* que perdió su misión de cultivo y su visión de futuro, para atarse a un mundo material lleno de toxinas, mentiras, violencia y locuras apocalípticas. Casi podría decirse que Reiki es una política de la revelación, una semilla del porvenir venturoso que nuestro sagrado origen espera y exige.

Teoría

Mikao Usui:
los senderos del Qi Gong

Usui, tras prolongados estudios y meditaciones sobre la tradición budista japonesa y tibetana, reconstruyó cómo durante más de 4.000 años muchos sabios antiguos, místicos inspirados y maestros espirituales realizaban labores terapéuticas basadas en el dinamismo universal denominado *Ki*. Asimismo, profundizó hasta sus orígenes los pilares de la medicina china conocida como *Qi Gong* o Chi Kung (su versión japonesa se conoce como *Kiko*), cuyas terapias prácticas centrales son la acupuntura y un estilo de masaje llamado Tuina. Los médicos chinos, para prevenir y curar enfermedades, desde antaño hasta la actualidad se basan en un mapa del cuerpo humano donde la energía vital transita por senderos que se llaman "meridianos". *Qi Gong* puede traducirse como "control o manipulación del *Qi*", e incluye para ello transferencias de persona a persona mediante el uso de las palmas y las yemas de los dedos, tanto con un contacto directo como a varios centímetros de distancia. En el caso de los ejercicios individuales, se basa en una combinación de respiración, concentración y movimientos gentiles.

Las vías energéticas centrales perfectamente trazadas en los mapas chinos de anatomía son catorce, e incluyen millares de rutas menores, puntos energéticos extraordinarios, puntos complementarios en el cuero cabelludo, en las orejas (auriculares) y otros puntos especiales, cada uno de ellos conectado con un órgano vital específico o una función determinada. El *Ki* o *Chi* llega al cuerpo físico a través de tales conductos. Esta teoría fue configurada y desarrollada mediante la práctica de los antiguos sanadores chinos y ha guiado durante siglos los métodos de diagnóstico, tratamientos y aplicaciones de todas las ramas de la medicina china tradicional. Los meridianos básicos son rutas que recorren internamente el cuerpo de modo longitudinal, del interior hacia el exterior. Las ramas colaterales, o redes, se llaman también *pivote milagroso* y se despliegan de modo transversal. Se extienden hasta las extremidades y abarcan la totalidad de los tejidos y los órganos. Transportan el *Qi* y la sangre, regulan las corrientes *Yin* y *Yang*, sustentan todas las funciones corporales y las mantienen en estado de armonía. El *Qi Gong* enseña ejercicios que coordinan la inhalación y la espiración con determinados movimientos físicos, a fin de que la energía *Qi* fluya equilibradamente por todo el cuerpo, e incluye paralelamente amplias enseñanzas de carácter metafísico.

Tales métodos de diagnóstico y técnicas terapéuticas fueron asimilados por Usui. Todas las líneas de sanación inspiradas por sus enseñanzas –incluso las de la señora Takata, que introdujo modificaciones– indican que la imposición de manos originalmente promovida por el fundador de Reiki no desconocía el mapa de meridianos *Qi*. La singularidad de Usui consistió en articular una versión popular de las enseñanzas Reiki completamente despojadas de componentes doctrinarios religiosos. De ahí que lo puedan practicar personas de muy diferentes creencias, inclusive quienes no adhieren a credos específicos.

Pero esto no significa que Reiki carezca de fundamentos profundos y trascendentales: todo lo contrario. Eso lo verifica el estudiante cuando durante el aprendizaje de Reiki II tiene acceso a tres símbolos secretos maestros especificados por el creador de la disciplina. Estos símbolos poseen un carácter multifuncional. Fueron simplificados al máximo por el maestro Usui y mediante su uso *se atraen* o invocan algunas de las cualidades esenciales de la enseñanza. Estas cualidades sólo se van desplegando mediante la práctica, el estudio, la meditación y la absorción de la sabiduría Reiki.

Es preciso tener en cuenta que las posiciones de las manos para cada secuencia Reiki, las eventuales instrucciones de quien sea nuestro maestro instructor para practicar la meditación y el conocimiento de los símbolos no bastan para alcanzar la plenitud Reiki, si no existe simultáneamente una dedicación personal, durante un período temporal significativo. Ello surge de las acciones (la práctica), no de las palabras.

Los símbolos Reiki son un componente esencial de los niveles progresivos de enseñanza. No se los utiliza como un acto rutinario de respeto o veneración hacia el maestro Usui, como han dicho erróneamente en algunas oportunidades algunos comentaristas. Usui los adoptó por motivos muy específicos: no sólo poseen significados, sino también funciones y atributos. Sus nomenclaturas japonesas delimitan algunos de esos significados e indican sus orígenes, así como la filosofía budista que sirvió como punto de partida.

Pero el fundador de Reiki no pretendía dirigirse solamente a los budistas, sino que aspiraba a hacer que su método armonizador fuese aprovechado por todo el mundo. Por eso simplificó el núcleo de sus enseñanzas para que los estudiantes de cualquier nivel y de cualquier creencia pudieran beneficiarse con las prácticas sanadoras. Por más extraño que suene, sin bien los estudiantes de Reiki I no tiene acceso a esos símbolos, estos se encuentran implícitos en las corrientes de energía que los atraviesa. Y cuando se los usa explícitamente en Reiki II, son una especie de focalizador o lente de aumento para dirigir y concentrar la energía de modos particulares.

Claves secretas

En la vastísima literatura Reiki que existe en la actualidad, es posible encontrar muchas teorías sobre los símbolos propuestos por el maestro Usui, cuya erudición y dimensión espiritual tomaba en cuenta las limitaciones comunes de las personas poco sintonizadas con las dimensiones elevadas del ser.

Las hipótesis más frecuentes sostienen que los símbolos resumen el poder sobrenatural de varias deidades budistas (como Amitabha,

Buda de la Luz Ilimitada), e incluso afirman que se trata de una adaptación de sílabas sagradas del idioma sánscrito. Si bien todo ello es posible, no hubo hasta hoy maneras de demostrarlo. También se ha afirmado que durante su vida, el maestro Usui exponía sus enseñanzas en dos planos: uno *secular* o externo, para los alumnos principiantes; y otro secreto o interno, para quienes iban en dirección de la Maestría. En este último caso, como bien lo han comprobado quienes tuvieron el privilegio de ser educados por grandes figuras espirituales, cuando un Maestro enseña símbolos o claves, el modo específico con que lo realiza (su *estilo*) forma parte de la revelación fundamental.

A quienes preguntan sobre el sentido de la existencia de enseñanzas internas o secretas, se les explica que si bien Usui no era un monje budista, era un practicante laico del budismo Shingon. O sea: no era una persona apenas inmersa en la sabiduría búdica, sino que era un serio y disciplinado seguidor de las enseñanzas de Buda. Y como sabio avanzado poseía la capacidad de enseñar y transmitir tales enseñanzas a los budistas del modo tradicional, comunicando lo que cada individuo era capaz de estudiar comprometiéndose con ello. En ninguna escuela budista se acostumbra a transmitir las enseñanzas de Buda a todo el mundo sin ton ni son. Análogamente, el maestro Usui elaboró una disciplina para destilar parte de los conocimientos de forma que los no budistas también pudiesen tener acceso a la sabiduría. El material espiritual más complejo quedaba reservado para los budistas a la altura de su sofisticación.

Decía Usui: «*En el pasado, dada la limitada capacidad de mis alumnos, les enseñaba símbolos muy sencillos a partir de iniciaciones muy sencillas. Esta técnica convoca el poder de la simple pacificación. Lo que se transmite es sólo la pacificación, llamada Mano Suavizante o Armonización. Ayuda en el proceso de pacificar, sanar, suavizar, pero hay mucho más que esta simple técnica. No se refiere a la actividad de sanar de modo directo. Apunta, de manera indirecta, a incrementar la energía del cuerpo, relajando las tensiones nerviosas del mismo y apaciguando las irritaciones y los dese-*

quilibrios. Los símbolos superiores, más que los símbolos básicos, son los que por cierto erradican el trastorno. Y estos se brindan a través de la enseñanza esotérica».

En el seno de la sociedad japonesa existen innumerables tradiciones religiosas que conviven en grado de tolerancia. Es frecuente que una misma familia tenga en su hogar altares combinados de distintas tradiciones. Pero cuando se trata de transmitir las enseñanzas internas o secretas del budismo o de las artes marciales, éstas sólo se comunican a quienes han evidenciado un claro compromiso con la disciplina de cada caso. Y reciben las enseñanzas y los entrenamientos en el momento apropiado. Asimismo, existen múltiples enseñanzas del budismo tibetano reservadas sólo para los budistas practicantes, y muchas de ellas sólo se trasmiten luego de muchísimos años de práctica.

En algunos círculos del Japón y de Occidente se considera que las enseñanzas del maestro Usui se ajustaban a tal procedimiento, y que una de sus fuentes principales provenía de un *tantra* sagrado y secreto introducido siglos antes en ese país. Si lo hubiese transmitido de manera masiva e indiscriminada, no habría respetado la enseñanza. De modo que Usui aplicaba lo que los budistas denominan *habilidades precisas* a fin de que ciertos conocimientos y prácticas estuviesen al alcance de la mayor cantidad de gente, para beneficio de todos los seres humanos.

Los rituales pueden incluir ciertos gestos que se hacen con las manos, llamados *mudras* (muy habituales en las estatuas clásicas de Buda); el recitado mental de ciertas sílabas sagradas denominadas *mantras*; y la visualización de símbolos o de imágenes supremas, incluidos los *mandalas*.

Si bien el estudiante occidental de Reiki no queda sujeto a estos parámetros, en el mundo budista, los *mudras* son en particular una especie de invocación de los poderes singulares de determinada deidad y la disposición a absorberlos en el propio ser. Si bien este "refinamiento" no se plantea al aprendiz de Reiki, es una de las muchas puertas que pueden abrirse en su camino de perfeccionamiento.

Eso fue lo que le sucedió a Usui durante sus años de formación, que desembocaron en su *satori* (iluminación) y la creación de Reiki. En este sentido, cabe señalar que según la tradición budista existen conocimientos espirituales a la vez sutiles y elevados, que permanecen ocultos en la mente universal. Se los llama *terma*. Casi se los podría considerar como una especie de semilla inmaterial de sabiduría, que germina cuando se presenta una época o una mente individual fértil.

La reconstrucción retrospectiva de su proceso existencial indica que cuando Usui tenía veintisiete años estuvo a punto de perder la vida infectado con cólera, y que en tal ocasión se movilizaron en su ser varios planos de entendimiento que le activaron un *terma* mental. Fue basándose en esa circunstancia que durante los años siguientes sus estudios le permitieron descubrir las bases de Reiki. Siete años después alcanzó a descifrar otras enseñanzas esotéricas tántricas. De forma que no podría decirse que para Usui el Reiki fue una revelación instantánea.

Se estima que sus meditaciones y sus estudios, además de uno o más retiros en la región del templo del sagrado monte Kurama, le permitieron el desarrollo de sus experiencias originales, fortalecidas por el acceso a textos sagrados y variados encuentros con sabios y maestros de su época.

Si bien durante los últimos treinta y cinco años de su vida Usui frecuentó la escuela Shingon, los tres niveles o grados de Reiki que brindó a la humanidad son de índole universal: están al alcance de cualquiera por encima de doctrinas o filosofías. Pero, de todos modos, no basta suponer que es suficiente visualizar los símbolos Reiki a partir de la lámina de un libro ilustrado. Sus denominaciones y sus formas deben invocarse del modo más exacto posible, y al mismo tiempo es fundamental comprender su significado cabal en el trato directo con un maestro de Reiki, como ocurre con todas las enseñanzas espirituales trascendentales. El verdadero saber de cualquier escuela no es resultado de la improvisación, sino del trabajo intensivo bajo una guía responsable.

Los símbolos son apenas uno de los numerosos recursos que Reiki utiliza para su armonizaciones y el desarrollo espiritual de sus practicantes. Derivan de materiales muy antiguos y muy intrincados, no sólo existentes en el budismo japonés, sino también en el tibetano y el chino, y de ciertas formas budistas del norte de la India. Numerosos investigadores actuales se han esmerado en localizar en tales tradiciones analogías de las enseñanzas del maestro Usui, pero se trata más de indagaciones de eruditos orientalistas que de aportes al crecimiento de la sabiduría Reiki en sí misma.

En cuanto a algunos nuevos símbolos que varias escuelas occidentales de Reiki han agregado a los cuatro símbolos tradicionales (universales o seculares) del sabio Usui, varios especialistas recomiendan cautela y nitidez al respecto, pues existe el riesgo de perder de vista el procedimiento original por el simple afán de introducir novedades con impacto en el mercado espiritual. Queda claro que los nuevos símbolos, aceptados o no, son simples formas o imágenes que no pertenecen al formato Usui original.

Tradiciones sagradas

A quien hoy llega por primera vez al mundo Reiki, puede sorprenderle el énfasis que algunos maestros ponen en la simbología original de Usui, a la par de variantes más actuales, a veces matizadas por contenidos del budismo tibetano. En este sentido, el criterio varía según esos maestros, quienes tienen netamente en cuenta los cuatro símbolos básicos (tres en Reiki II y el restante en la Maestría), pues saben que más allá de la caligrafía implican toda una gama de nexos energéticos entre el cuerpo y la mente. Los orígenes de estos símbolos son mucho más que una forma, una grafía o una imagen: contienen una filosofía (conocimiento) integral. En todas las tradiciones, el símbolo puede representar tanto ideas complejas como una deidad en la cual se enfoca el meditador.

Una notable experta en tradiciones sagradas, símbolos tradicionales, leyendas y mitos, J. C. Cooper[1], señaló en uno de sus tratados que el símbolo es *un arte de pensar con imágenes.* De modo que la energía transmitida por el símbolo es lo que une al individuo con el Todo. El símbolo es apenas una herramienta. La potencia de cualquier símbolo dependerá, no de sus rasgos, sino de la calidad del enfoque mental. El símbolo se vuelve conciencia según la atención y la percepción del individuo. Por lo tanto, ese símbolo puede considerarse como una especie de *llave* que encierra un conocimiento específico. En sí mismo, un símbolo supremo canaliza energías no expresadas y, cuando recurre a ese símbolo, la mente convierte esa energía no manifestada en energías más tangibles.

Cooper remarca que *el uso de cualquier símbolo nos lleva desde el nivel más bajo de la realidad (no manifestado) hasta el nivel más elevado de creatividad concreta.* Casi podría afirmarse que el símbolo es una especie de filtro que nos afina en niveles más sutiles de conciencia. De modo que al alcanzar con ellos planos más refinados de percepción, nuestra selectividad y objetividad deben ser muy cuidadosas.

En el *Qi Gong*, que también puede traducirse como "cultivo de la energía", Usui advirtió que los médicos chinos podían sanar a distancia mediante una sabia manipulación del *Qi* o *Chi.* Un erudito chino actual, el doctor Yang Jwing-Ming[2], destaca que *«si somos capaces de aumentar el flujo de Qi que circula por nuestros órganos internos, estos estarán más fuertes y sanos. Naturalmente, el incremento de Qi debe ser lento y gradual para que los órganos vayan adaptándose. Para aumentar el flujo de Qi del cuerpo hay que trabajar con la fuerza electromagnética que hay en él».*

---

1. *J.C. Cooper,* An Illustrated Encyclopedia of Traditional Symbols, *Thames and Hudson, 1979.*

2. *Dr. Yang Jwing–Ming,* La raíz del Chi Kung chino, *Humanitas, 1994.*

Con frecuencia, se dice que Reiki es una meditación con las manos y que como tal su práctica suele inducir a un efecto de "corriente" en la práctica meditativa, de modo que algunas personas que cierran los ojos al aplicarlo (a otros o durante un autotratamiento) suelen ver ráfagas de colores. Eso puede ser usual y no constituye una anomalía. Ocurre en especial cuando la mente y el cuerpo se relajan y la fuerza electromagnética fluye espontáneamente.

También pueden presentarse sentimientos e imágenes, todas ellas vinculadas a pasados estados de conciencia, pues todas las células de nuestro cuerpo forman parte de lo que llamamos *memoria*. Todas estas impresiones o vivencias no deben ser motivo de preocupación: se las ve llegar y se las deja pasar igual que cuando se practica algún tipo de meditación.

El logro de la serenidad espiritual no es un salto a una piscina llena de bonanza infinita, sino que constituye una travesía por infinidad de evocaciones, emociones, influencias y sensaciones. Nada de lo que se presente es inapropiado y a medida que con Reiki vamos desarrollando fortaleza e intensidad vital, todo en nosotros se armoniza más y más.

Reiki es una sabiduría en acción y sustenta todos los planos de nuestro ser, lo advirtamos o no. Ya sea durante buenos o malos momentos de nuestra existencia, o durante las prácticas sanadoras o las experiencias meditativas: a medida que nos sumergimos voluntariamente en el océano de la vitalidad universal, nuestro ser procesa todo el contenido de nuestra vida y purifica a fondo todos los lastres que hayamos acumulado. Si por ese sendero alguien tiene un encuentro cercano con ángeles u otras energías magnas, cabrá asumirlo con bondad, entrega y compasión, pues así se evidencian algunas materias primas de la evolución espiritual. En definitiva, arriba o abajo, dentro o fuera, son referentes creados por la mente humana. En el espacio infinito, todo es energía (luz). El *Ki* no conoce fronteras.

El *Qi Gong* enseña que hay cinco fuentes electromagnéticas para incrementar el flujo de bioelectricidad en el cuerpo humano. El doctor Jwing-Ming los enumera así:

- **Energía natural.** Dado que nuestro cuerpo está compuesto por materiales conductores de la electricidad, su campo electromagnético es afectado por la luz solar (radiaciones fotónicas), la gravedad lunar, las nubes, y el campo electromagnético terrestre. También somos afectados por energías artificiales emanadas de la tecnología moderna: rayos catódicos (televisión), pantallas de computadoras, hornos de microondas, etc.

- **Aire y alimentos.** Por la nariz y por la boca ingerimos esencias nutritivas que se convierten en Qi mediante reacciones químicas que se producen en los pulmones y en el sistema digestivo. Cuando tales esencias se transforman en Qi se genera en el cuerpo la fuerza electromagnética que lo hace circular. El Qi $Gong$ resalta la importancia del aire puro y de los alimentos frescos.

- **Pensamiento.** La mente humana constituye la fuente más determinante y eficiente de fuerza electromagnética y de bioelectricidad. Las ideas guían el Qi para energizar los músculos que producen los movimientos deseados. Cuanto mayor es el flujo de Qi, mayor es la energía muscular. Por eso, el entrenamiento Qi $Gong$ sitúa a la mente como el factor más importante.

- **Ejercicio.** La esencia alimentaria (grasa) almacenada en el cuerpo es convertida en Qi por medio de los ejercicios físicos, y ello produce fuerza electromagnética. La movimentación metódica cumple un papel crucial en este plano.

- **Esencia prenatal.** La medicina china llama así a las esencias producidas por nuestras glándulas endócrinas. Pueden convertirse en Qi para estimular el funcionamiento corporal, y por consiguiente la vitalidad. Para el Qi $Gong$ chino, el equilibrio hormonal durante la juventud y su incremento durante la edad avanzada, son también prioritarios.

Durante un congreso médico realizado en Nueva Delhi (1995), ante profesionales de más de treinta países, el médico hindú Rabindora

K. Cheri declaró: «*Reiki constituye una terapia pura y natural, que adecuándose y regulándose según lo necesite cada paciente, hace circular por todo el cuerpo la energía que por algún motivo luce estancada, mantiene el equilibrio de la energía corporal y promueve el estado relajado del mismo*». Todo reikista sabe que un dolor, una disfunción o un trastorno son consecuencia de bloqueos energéticos o de una corporalidad desvitalizada o inarmónica. También lo van asumiendo así numerosos profesionales de la medicina occidental (doctores y enfermeras), para quienes Reiki pasa a ser un valioso complemento de sus procedimientos curativos y terapéuticos. No exageraba Mikao Usui cuando en 1922 lo proclamaba como «*el arte secreto de atraer felicidad a nuestras vidas*».

Capítulo 1

Biopotencialidad universal

*R*esulta esencial entender que cuando uno unifica su mente y su cuerpo, sus poderes innatos comienzan a funcionar, y los potenciales de la vida son los que derrotan a la enfermedad. Debes entender que sólo podemos derrotar a una enfermedad si aprendemos las reglas de la unificación de la mente y el cuerpo y si manifestamos lo supremo en nuestra potencialidad vital, practicándolo, de modo que toda la movilidad física esté correctamente unificada. Las cosas que se pueden realizar cuando uno es sincero, y cuando su mente, su cuerpo y su espíritu son uno, son sorprendentes.»* Esta definición no pertenece a un maestro de Reiki, sino a Koichi Tohei, creador de una variedad del Aikido, arte marcial que se desarrolló en Japón al mismo tiempo que el tema que nos ocupa en este libro.

Mikao Usui y el fundador de Aikido, el samurai Morihei Ueshiba, no sólo vivieron en la misma época, sino que fueron amigos mientras la sociedad y la cultura del Japón atravesaban un período de cambios veloces, y dejaban atrás el mundo feudal para ingresar –en las tres o cuatro décadas posteriores– a las realidades industriales, para competir con Occidente en sus mismos términos. El proceso se inició a mediados del siglo XIX, y durante sus dos décadas finales alcanzó parámetros inéditos.

En ese contexto, preocupado por su evolución personal, el joven Usui no sólo practicó con gran habilidad las artes marciales que fundaron varios de sus contemporáneos, sino que ganó renombre por sus habilidades, y fue altamente respetado por otros reconocidos cultores de tales especialidades en su época.

Tohei, nacido en 1920 en Tokio, fue discípulo directo del sabio Ueshiba, a quien se aproximó cuando tenía diecinueve años. Su infancia había sido marcada por una salud extremadamente frágil, lo cual lo convirtió en asiduo paciente de hospitales. En tanto Usui asumió al *Ki* como materia prima para el desarrollo de sus métodos sanadores, Ueshiba, un individuo muy talentoso, demostró qué significa existir en estado de relajación absoluta, poseyendo el *Ki* verdadero, y en qué consiste la unificación del cuerpo y la mente. El Aikido recién comenzó a trascender al mundo a partir de 1953, cuando el maestro Tohei, ya con treinta y dos años encima, trajo una exhibición a Hawai.

Como disciplina hondamente espiritual a la vez que física, el Aikido no fue revelado al público japonés hasta después de la Segunda Guerra Mundial. Un club de salud hawaiano invitó a Tohei a montar una exhibición, con cierto ánimo de reserva. Las islas, habitadas mayormente por orientales, poseían abundantes escuelas de artes marciales (el Reiki era todavía desconocido entre nosotros), desde Judo y Kempo Karate, hasta Ju Jitsu y Kendo. Las personas tenían ciertos prejuicios contra las cosas importadas de Japón, y para Tohei el desafío consistía en hacer las cosas a la perfección a fin de lograr la adhesión de nuevos seguidores. Lo consiguió impecablemente. El secreto del Aikido consiste en alcanzar un estado de relajación extrema (serena) que, como actitud de autodefensa, logra resistir el más poderoso embate físico.

Declaraba Tohei: «*La humanidad recibe poderes innatos del universo, pero no puede utilizarlos porque no está informada al respecto. Sólo si aprendes las leyes de la unificación de la mente, el cuerpo y el espíritu, y te entrenas para usar sus innatos poderes humanos en todo momento, templándote, puedes consolidar tu cielo personal. Debes entender la providencia del Ki, que es la confluencia infinita de partículas infinitamente pequeñas. En este sentido, el sol, las estrellas, la tierra, las plantas, los animales, y la mente, el cuerpo y el espíritu humanos, nacen todos del Ki del universo/lo divino».*

Unidad universal

El *Ki* no tiene principio ni fin; y su valor absoluto no crece ni decrece. Somos uno con el universo y nuestras vidas son parte de la vida universal. Desde antes del principio del universo, e incluso ahora, su valor absoluto existe como un hecho concreto en cuyo contexto siguen teniendo lugar los fenómenos de nacimiento, crecimiento, muerte y disolución.

En la *Sociedad Ki* de Japón y Hawai (donde el Aikido preparó el terreno para la entrada progresiva de Reiki, en un ámbito dominado por el legendario chamanismo de los *kahunas* – véase capítulo 5), se establece una clara distinción entre el *Ki* que utilizamos todos los días y el *Ki* universal, la esencia real del universo/divino. El desarrollo del *Ki* es una disciplina que ayuda a unificar la tríada mente-cuerpo-espíritu. En otras palabras, el camino de la unión pasa a través del *Ki*. ¿Qué hace falta para unir cosas que innatamente son una?

Recibimos una mente, un cuerpo y un espíritu a fin de hacer posible la continuidad de la vida en este mundo. El espíritu se aísla del cuerpo y obstaculiza la formación de un todo con él. Por este motivo, si no aprendemos a enjaezar el espíritu, quedamos aislados del universo.

Para existir en este mundo, todo, en un sentido amplio, recibe un espíritu y un cuerpo. Una roca posee un espíritu de roca, que protege la forma de la roca. El aire posee un espíritu de aire que protege su intangibilidad, protege sus movimientos y posibilita su misión. El budismo explica esto diciendo que todas las cosas poseen una "naturaleza" de Buda. Según Tohei, el "enjaezarnos" consiste en situar las cosas en un estado de alineación *consciente* (*Ki* consciente), a fin de que despertemos, para que al mismo tiempo nos potenciemos como una parte intrínseca de lo divino que existe en estado de armonía integral.

Todas las escuelas de medicina oriental se refieren sin excepción a algún tipo de "energía vital". El *Ki* es la potencialidad de la vida, los diccionarios japoneses lo describen como *mente, espíritu* o *corazón*. Es una fuente de fortaleza interna. Y para esclarecer el concepto, una mente occidental podría decir que el *Ki* es una energía universal, capaz de una infinita expansión y contracción, que puede ser orientada, pero no contenida por la mente. Es el principio del propio universo. A menudo implica más de un significado filosófico. Si los unificamos, llegamos a la conclusión de que es el principio básico del universo, desde un elevado reino espiritual.

La energía vital universal es el Espíritu de la Creación. Es el cimiento de la existencia en espíritu, forma y pensamiento. Todos los seres humanos, estén capacitados o no para ello, canalizan el dinamismo vital entre sí y son como recipientes que contienen esa energía vital con variados grados de pureza y libertad de circulación. Este grado de variabilidad depende del equilibrio energía/cuerpo del individuo y, sobre todo, de la salud de su mente, cuerpo, espíritu, energía y emoción. Cuanto más equilibrada se vuelve una persona, al permitir la sanación en y entre estos niveles de su ser encarnado, más clara y mayor resulta la energía vital que fluye en todos los sentidos. Los antiguos lamas tibetanos vivían sumergidos en la práctica devota de las artes sanadoras. Se expandían usando caligrafías Reiki para ciertas situaciones o efectos, aprendían a corporizar los conceptos que representan los símbolos caligráficos. En efecto, se convertían en la corporización viviente de la Potencialidad Sanadora Divina Universal en sus vidas cotidianas. Este es el tipo de "encarnación" que Reiki intenta inspirar en las personas.

Caminos espirituales

Si bien los seres humanos contienen la esencia del dinamismo vital, la práctica y el propósito inspirador de Reiki consiste en entender y transferir la esencia sanadora de la iniciativa del practicante, y de la Divina Fuente a través de él y el receptor. La mayoría de las personas, en cierto punto de su vida, experimenta la ocasión de una experiencia metafísica/espiritual fuera de lo común. Es mediante el aprendizaje, la práctica y la dedicación de artes sanadoras como Reiki, que uno se desplaza desde la mera coincidencia de experiencias hacia la manifestación de su intención, deseo y voluntad en el plano físico.

Nuestros cuerpos no están compuestos apenas por elementos físicos, como músculos, huesos, nervios, arterias, órganos, glándulas y demás; es una sutil configuración energética a través de la cual fluye la energía vital universal. Este sistema energético sutil está compuesto por "cuerpos" de energía que rodean nuestro cuerpo físico y nos ayudan a procesar nuestros pensamientos y emociones. Cada cuerpo tiene centros de energía que suelen denominarse chakras: funcionan como válvulas que permiten que la energía vital circule a través de los cuerpos físico, mental, emocional y espiritual. También tenemos meridianos y nodos energéticos. Son como ríos o corrientes que conducen nuestra energía vital a través de nuestro cuerpo físico, para nutrirnos y ayudarnos a equilibrar los sistemas y funciones de nuestros cuerpos.

Durante una sesión de Reiki, que es aplicado con las manos, el receptor puede permanecer con sus ropas puestas, pero debe despojarse de todo tipo de objetos metálicos, pues distorsionan el flujo energético. De inmediato, el receptor alcanza un estado de profundo relajamiento. Las sensaciones y percepciones más comunes son el calor de las manos del practicante, hormigueos o leves tironeos, sentimientos de amor y embeleso. Entre los muchos efectos acumulativos posibles figuran equilibrio, conciencia de uno mismo, despojamiento, regeneración celular, depuración, rejuvenecimiento, inspiración creativa, trascendencia, conexión espiritual e introvisiones de carácter diverso. Siempre son preferibles y mucho más benéficas las sesiones completas, pero un tratamiento fugaz o una aplicación momentánea suelen producir estímulos prácticos y gratificantes.

Todo maestro de Reiki le resalta a sus alumnos que la iniciación abre un sendero de comienzos permanentes. La verdad profunda de Reiki es que se mantiene siempre pura e independiente de los maestros y de sus cultores. La transmisión de la energía vital, los conocimientos y la potencialidad Reiki no suceden apenas durante las *sintonizaciones* que abren los canales en el futuro practicante. Si bien la práctica es tomada por algunos como un mero recurso terapéutico, para muchos otros se convierte en el núcleo de un proceso evolutivo espiritual.

Una maestra francesa, Chinta Strübin, le remarca a sus discípulos que «*como gota de agua que eres, puedes tener consciencia del océano, pero también puedes no tenerla. Puedes sentirte perdido y abandonado en este universo enorme y hostil, o sentir que estás en tu propia casa en esta existencia que te lleva y te conduce a descubrir el mundo. Eres una pequeña gota de agua que cumple su función específica en el seno de un océano que también, a su vez, asume su propio papel. Lo que Reiki te dice, y como él numerosos caminos espirituales y las corrientes de desarrollo personal, es que un individuo que aprende a mantenerse a flote artísticamente sobre la superficie de este océano se encuentra claramente mejor que quien lucha contra la corriente y se empeña en querer llevar su barca completamente solo contra viento y marea. Sin embargo, esto implica tener grandes dosis de amor, y también de humor, y un nivel elevado de conciencia*».[1]

Dicho nivel de conciencia nos hace sentir capaces de fundirnos en la naturaleza de ese océano, a la vez que conservamos nuestra naturaleza específica; nos hace ser capaces de aceptar que la voluntad del Todo se cumple a través de nosotros. Parecería que cada uno es responsable de mantener este equilibrio, y tal vez sea ahí donde reside nuestro libre albedrío.

Cuando el estudiante comienza a indagar las realidades del mundo Reiki, descubre que hay numerosas escuelas y diversas interpretaciones sobre su tradición y sus perspectivas. Se trata simplemente de la variedad creativa de la Vida. Pero, sin embargo, subyace en todas las tendencias una vibración unificadora, que resuena con claros tonos

---

1 *Chinta Barbara Strübin*, Le Reiki, *Editions Bernet-Danilo, 1997.*

de verdad. Una verdad que se vuelve innegable, como todos los reikistas comprueban a lo largo de sus prácticas, y que se expresa inequívocamente cuando Reiki sana a las personas y las entrelaza sin equívocos.

Reiki se experimenta desde la serenidad, y en el fondo es siempre un proceso meditativo. Cuando hay quietud interna, las tonterías del ego, las emociones negativas, las obsesiones materiales, los pensamientos que distraen, todo ello cede paso a las manifestaciones de la naturaleza del alma humana y universal.

Dicho con la máxima transparencia: sanarse espiritualmente equivale a erradicar toda la ignorancia sobre el hecho de que somos entidades metafísicas, trascendentales. En ese instante, evolucionamos y aceptamos nuestra genuina naturaleza como parte de la realidad, y comenzamos a expresarla de todas las maneras posibles. La sanación física, emocional y mental corta los lazos que nos atan a muchas ilusiones que nos llevan a creer que somos apenas nuestro cuerpo y una colección de neurosis. No bien soltamos tales lastres, nos sentimos más fuertes y más libres.

CAPÍTULO 2

Simbiosis cósmica

Todos los registros históricos verificables en Japón indican que el maestro Usui desarrolló los fundamentos de Reiki durante un extensivo ciclo de búsqueda y estudio. Si bien los relatos legendarios sobre su retiro espiritual de tres semanas en el monte Kurama se refieren a algo así como un "golpe de luz", todo indica que, a diferencia de muchas tradiciones budistas, no se trató de una *revelación instantánea* integral, si bien algunas de las precisiones que fue acumulando paulatinamente se le brindaron como *insights* (*introvisiones* o percepciones profundas).

Durante las primeras etapas, antes de denominarlo Reiki, se refería a sus dinámicas como Ciencia Sagrada. Tanto sus apuntes que se conservan, como testimonios de sus allegados, indican que desde muy joven manifestó la capacidad armonizadora que más adelante instrumentaría de manera cabal con fines terapéuticos. Dado que nació en 1865, época de trascendentales cambios en la cultura japonesa llamados Restauración Meiji, a partir del nombre del inspirado emperador que orientó tales transformaciones, Usui no estuvo ajeno al vértigo innovador de la época. Al punto que se afirma que sus cinco "preceptos" tienen como punto de partida varios poemas visionarios de aquel gobernante.

Hasta entonces, Japón había estado cerrado al mundo durante varios siglos: el cristianismo y el budismo habían sido puestos fuera de la ley. El *shintoísmo* constituía la religión estatal y los emperadores eran sinónimo de divinidad y de culto inexcusable. El emperador Meiji trastocó esa rígida estructura y Japón pasó a prestar atención a lo que ocurría en el resto del planeta. Y así como los japoneses fueron estimulados a buscar inspiración en la ciencia occidental, así comenzaron a indagar sobre raíces espirituales autóctonas muy antiguas.

El joven Usui fue impregnado por esos estímulos. Era el mayor de tres hermanos y dos hermanas, y su familia –adepta al budismo Tendai– vivía en la zona sur del país. Su padre, de nombre Uzaemon, era un noble de muy bajo nivel aunque de enorme sensibilidad, y predispuso a sus descendientes a ser permeables a los hondos cambios históricos que dejaron atrás viejas y autoritarias rutinas del militarismo Shogun. Los Usui mantenían muy buenas conexiones sociales, una sólida formación cultural, y creían que estaban ligados por un lazo ancestral al clan samurai Chiba.

Mikao Usui se dejó inspirar por el decreto Meiji que ponderaba la medicina de Occidente, y pasó a analizar ampliamente todos los libros que podía conseguir al respecto. Tiempo después recordaría que *«a los diesiséis años, en 1881, vi por primera vez un motor de vapor, en medio de lágrimas emocionadas ante su simetría, perfección, elegancia, belleza y funcionalidad. Después, dada la apertura reinante, trabajé mucho junto a varios misioneros cristianos de los Estados Unidos y de Holanda. Gracias a estos intensos vínculos pude tener una neta comprensión del cristianismo».*

Contrariamente a la leyenda sobre Usui que recorrió Norteamérica durante la primera difusión de Reiki fuera de Japón (ficción), él jamás se convirtió al cristianismo y no renegó de sus raíces budistas. Como tal, sabía que todos los Budas son compasivos, pero hasta los veintisiete años la religión tuvo carácter secundario en su vida. Absorbió todo lo que pudo de los médicos occidentales (misioneros), con los que pudo interactuar en su país, como si sólo existiera un *Gran Dios Conocimiento*. También estudió los principios de la física y la farmacología, y al mismo tiempo profundizó todo lo referido al diagnóstico y el tratamiento de enfermedades.

La experiencia que casi lo llevó a la muerte durante aquellos tiempos, y que es siempre citada por sus biógrafos, sucedió durante una amplia epidemia de cólera, mal del que se contagió. El único tratamiento que existía entonces consistía en unas pildoritas de opio arrollado que se colocaban debajo de la lengua a fin de que la droga incidiera en el metabolismo del enfermo y causara un descenso de la fiebre, pues muchos decesos se producían por deshidratación. A Usui se le aplicó ese "remedio" y pese a estar semiinconsciente escuchó (y recordaría luego) perfectamente el diálogo de los médicos sobre su grave estado. Su presión sanguínea había declinado inmensamente y su ritmo cardíaco era completamente anormal. Esa noche, los doctores, que sentían por él un gran aprecio, lamentaron con muchísima tristeza la certidumbre de que no llegaría vivo al amanecer.

Usui no se dejó apabullar por el vaticinio. Repasó los años vividos y las enseñanzas budistas de sus mayores. Visualizó la Tierra Pura del compasivo Buda Amitsu, a quien se encomendó mediante la repetición del mantra meditativo. Cuando se repuso, recordó con nitidez una serie de experiencias intensas que había tenido durante su crisis agónica con varias deidades budistas. Ello desembocó en la certidumbre de tener la *misión* de hacer confluir simbióticamente las prácticas sanadoras de Oriente y Occidente. Al día siguiente, los doctores no podía creer que estuviese vivo y en vías de recuperación. Pero cuando les describió el *mandato* recibido, ellos respondieron que no debía ilusionarse al respecto, porque se trataba apenas del efecto del opio en su sistema nervioso.

Raíces de sabiduría

Usui buscó de inmediato apoyo en la religión paterna, la tradición budista Tendai. Los mayores del templo se irritaron mucho con él cuando los puso al tanto de sus vivencias con las deidades, replicaron que ni siquiera los monjes más avanzados podían llegar a tales estados sublimes, y le indicaron amablemente la puerta de salida. Desconcertado y dolorido, pero también convencido del camino que debía recorrer, Usui acudió al maestro Watanabé, sabio de una vertiente budista esotérica, la escuela Shingon, fundada por el santo Kukai (774-835). Sin la mínima reserva, abrió su corazón ante el erudito, que lo escuchó con extrema atención y se dispuso a apoyarlo en sus estudios. Fue el inicio de una compleja indagación retrospectiva de 2.500 años de tradición budista, mientras al mismo tiempo, en la ciudad de Osaka, ponía en práctica sus teorías sanadoras. Sólo siete años después, a través de un librero especialista en sabidurías milenarias, descubrió un documento antiguo que le confirmaría definitivamente el acceso a la revelación Reiki.

Se trataba de la copia del siglo XII de un manuscrito budista, titulado *Tantra del Relámpago*. Como el estuche laqueado ostentaba una talla de la tradición Shingon, lo compró espontáneamente por unas pocas monedas. Al comprobar su portentoso contenido, expresó: *«Pensé que contenía algunos sutras o comentarios, pero cuando llegué a casa comprobé que había hallado un tesoro, algo que buscaba sin saber de qué se trataba, y que me fue confiado gracias a la bondad y compasión de todos los Budas».*

Durante el ciclo de meditaciones que siguieron, en base a ese texto trascendental, y de otros que estaban en el mismo estuche, Usui asumió que el hecho de haber estado al borde de la muerte y las visiones implícitas, tenían una sola instrucción: unificar, a través del sendero espiritual budista, la sabiduría de la medicina occidental y de China, a fin de ayudar a toda la humanidad. De allí que se lea en la losa-epitafio que se colocó como monumento de homenaje en su tumba, en el cementerio del templo Saihoji de Tokio: *Tuvo muchos talentos. Le gustaba leer, y adquirió profundos conocimientos de historia, biografía, medicina, teología, psicología, Ju Jitsu (ciencia de la dirección) y la manera espiritual de remover la enfermedad y los males del cuerpo, la ciencia de la adivinación y del diagnóstico fisionómico.*

Las narraciones de la maestra Hawayo Takata sostienen que en esos *sutras* budistas Usui encontró una fórmula suprema expresada en sánscrito, y que ese fue el eje del retiro-ayuno que practicó en el monte Kurama, lugar de peregrinaje dedicado a una deidad budista que representa la compasión universal y es al mismo tiempo un poderoso punto de energía cósmica. En el ritual que apunta a lograr una inspiración/visión por acción de poderes sobrenaturales, confluyen otras tres deidades que representan el poder (de la energía), la luminosidad y el amor (símbolos del alma universal o *Sonten*, divinidad suprema, Luz Gloriosa).

En los anales del templo del monte Kurama no existe registro de la concurrencia de Usui al mismo, pero su lápida conmemorativa y el relato de la señora Takata dejan constancia de un "gigantesco" Reiki que descendió sobre su cabeza y del *insight* (introvisión) espiritual del Reiki Ryoho (método de sanación). La referencia a una Gran Luz Blanca (visión/inspiración) y a una especie de pantalla sobre la que se manifestaron los símbolos Reiki, formaron parte de las descripciones de Chujiro Hayashi (otra figura tradicional) a Takata.

Quienes dominan las técnicas de meditación avanzada usuales en las tradiciones Vajrayana del budismo (en las que se inscriben las escuelas Tendai y Shingon a las que adhirió durante su vida el maestro Usui), saben que los símbolos-semilla en sánscrito destilan o representan la esencia y las características de una mente iluminada. En su totalidad resumen las deidades implícitas y sus cualidades espirituales: sabiduría, compasión, amor, energía, luz y sanación. Los símbolos-semilla se utilizan como foco meditativo, respaldado por el conocimiento profundo de las sílabas sagradas (*mantras*) y de la filosofía espiritual que los sustentan. La disciplina implícita fue transferida incólume a Usui, y los sucesivos linajes (líneas de transmisión) que comienzan con él la han hecho llegar intacta hasta la actualidad.

Por cierto, muchos practicantes occidentales de Reiki no forman parte de la tradición oriental familiarizada con las deidades búdicas, símbolos y *mantras*, *yantras* (diagramas de cualidades místicas), ejercicios respiratorios sobre el propio aliento, focalización en los centros de energía y demás técnicas budistas. Sin duda alguna todo ello fue la base de la experiencia cumbre de Mikao Usui en el monte Kurama, pero al mismo tiempo el *insight* le concedió la sabiduría para crear Reiki como una enseñanza universal libre de condicionamientos doctrinarios.

Asimismo, confirmó la dirección de su sendero y le concedió los recursos para potenciar directamente el material espiritual sobre el que venía trabajando incansablemente. Sobre tal experiencia esclarecedora construyó luego la progresión armonizadora que conocemos y practicamos. A partir de una compleja tradición espiritual entendió el modo de simplificar y compartir el método que hoy es patrimonio de la humanidad.

Conexiones infinitas

No fue arbitrario que antes de llamarlo Reiki lo considerara sin exageración una Ciencia Sagrada, que fusiona las disciplinas sanadoras con la práctica espiritual. Probablemente, muchos de los campesinos afincados en el cordón industrial de Osaka seguían apegados a las supersticiones de sus pueblos originarios, pero no acudían a solicitarle tratamientos al maestro Usui para satisfacer fantasías, sino para recobrar la salud. Lo cual efectivamente sucedía, dada la potencialidad que venía manifestando desde su adolescencia. Pero al encontrarse con el *Tantra del Relámpago*, ello fue más una rampa de lanzamiento que un puerto de llegada. Confirmó muchas cosas que sabía espontáneamente, y a la vez aparecieron infinitas conexiones originales que no pasó por alto.

Usui solía decir que su mente se *había incendiado*. Y para indagar sobre otras raíces localizó en China a una especie de agente literario al que le encomendó la localización de textos complementarios que pudiesen existir en el Tibet. Visitó personalmente numerosas bibliotecas y monasterios japoneses, pero sólo comprobó que en su poder estaba la única copia pública del *Tantra*. El texto original había llegado a Japón desde China en manos del monje Kukai (Kobo Daishi) durante el siglo VIII, y la copia que poseía había sido escondida durante muchos años y muchas guerras por monjes budistas en la isla de Hokkaido, al norte del país.

¿Por qué orientó su búsqueda posterior hacia el Tíbet? Anotó en su cuaderno: «*Sabemos que los tibetanos guardan muchos secretos y preservan porciones del* Dharma *(ley o enseñanzas del Buda histórico) que se perdieron en el resto del mundo budista. Claro, en sus altas tierras montañosas lograron preservar la paz y escaparon de las guerras y las luchas que plagaron China y Japón. En ese portentoso lugar de paz y contemplación, el pueblo tibetano ha podido hacer a un lado las cuestiones mundanas para cultivar solamente la mente iluminada. Por eso busco material tibetano, y en especial cualquier material que provenga del gran colegio médico de Lhasa*».

A esta altura de su existencia, la edad avanzada y los achaques del sabio Usui no le permitían la aventura de viajar a un lugar que con certeza equivalía al Paraíso del Embeleso Supremo del Buda Amida. Hubiese querido beber en persona del manantial profundo de aquella sabiduría espiritual... pero no era posible. Por eso contó con la ayuda de comerciantes hindúes amigos, que poseían sólidas conexiones con mercaderes afincados en la capital tibetana. Esperó los resultados con enorme paciencia. Invocaba en sus plegarias al Buda de la Medicina y apelaba a su infinita bondad y compasión. Hasta que por fin ocurrió el **milagro**: apareció otra copia del *Tantra*. Provenía del monasterio-escuela de medicina de Chokpori Ling. Y al comparar los dos textos, Usui verificó que el proveniente del Tibet contenía dos capítulos que no estaban en el suyo, pero al mismo tiempo no incluía cinco capítulos presentes en su copia. No obstante, a partir de la versión tibetana pudo hacer correcciones en el sánscrito de su versión, que había atravesado China antes de llegar al Japón.

Resaltó entonces: «*Mi texto poseía una introducción con preceptos morales ausentes en la copia tibetana, aunque lo primordial era llegar al contenido exacto, pues el uso del sonido de las sílabas era crucial para convocar la trascendental energía sanadora»*. Con el paso del tiempo, obtuvo otros textos complementarios a través de traducciones realizadas en Bombay (India). El don magno del maestro Usui consistió en el diseño de un procedimiento, Reiki, basado en conocimientos milenarios y en el modo de promover cambios positivos en la singularidad de cada uno de los individuos que trató a lo largo de su existencia. Gracias a lo cual hoy son decenas de miles quienes se benefician con sus enseñanzas. El maestro estadounidense William Lee Rand afirma que Reiki es una energía sanadora especial más potente que el simple *Ki*. Reiki es *Ki* guiado por un poder superior *«que puede llamarse Dios, Ser Supremo, Universo, Saber Absoluto, Ser Irrestricto, Jehová, Krishna, Buda, Gran Espíritu, etc... Reiki proviene de una dimensión elevada donde todo se encuentra en unidad con el poderío superior»*.

Usui nos legó una dinámica sencilla para aliviar numerosos trastornos de la vida, y al mismo tiempo un recurso dúctil para el crecimiento personal del individuo. Reiki es *universal* porque unifica muchas filosofías y credos religiosos, pero al mismo tiempo abre infinitos senderos espirituales según el grado evolutivo de la persona involucrada. Si se trata de un ser humano ajeno a las grandes tradiciones, la práctica armonizadora permite superar múltiples disfunciones. Si se trata de alguien con vocación espiritual y con afán de evolucionar mentalmente, Reiki es un sendero para la percepción directa de la naturaleza de la realidad.

El maestro Usui, cuando consideraba que una persona estaba en condiciones de estudiar la Ciencia Sagrada como disciplina espiritual, pensaba que *«el carácter de quien practique los niveles elevados del Relámpago debe priorizar el acto de sanar al prójimo; no es algo que deba utilizarse para obtener prestigio, satisfacer el ego o para lograr beneficios materiales. El individuo que sea iniciado debe tener preferentemente buen carácter, pero sobre todo debe tener la capacidad mental para absorber la sabiduría contenida en cada nivel o grado de la enseñanza. Deben ser individuos estables, y no aquellos que vuelan de un sistema terapéutico a otro como mariposas descuida-*

das sólo interesadas en visitar capullos. Tienen que estar dispuestos a dedicarse a perfeccionar el método fundamental, en vez de visitar múltiples sistemas».

Hoy, algunos maestros europeos advierten sobre los peligros implícitos en algunos agregados que suelen hacerse al Reiki tradicional, en especial provenientes de supuestas experiencias *canalizadas por médiums* o fusiones con rituales que nunca formaron parte del *Tantra* con el cual Usui construyó la práctica conocida y enseñada en Japón y en todo el mundo occidental. Sin embargo, alcanzó a señalar que no había contradicción en complementarlo con prácticas de masaje *shiatsu*, gestos corporales o ejercicios físicos puntuales, cosa no muy importante años atrás cuando la gente no vivía tan sedentariamente como en la actualidad.

Lo demás es un circuito abierto donde la disciplina Reiki posee recursos ilimitados para encarar crisis específicas que no responden a fármacos convencionales o a una terapia establecida, simplemente por su potencial como activador depurativo. La realidad cruda del ser humano tal como es, con sus luces y sus sombras, excede numerosas veces el arte de la medicina, crucial en muchas otras instancias de la vida individual. Finalmente, queda siempre abierto el rumbo del despertar espiritual, que trae claridad y revelaciones sobre la naturaleza de la existencia humana.

CAPÍTULO 3

Gérmenes terrenales

La señora Hawayo Takata, a quien se le debe la introducción de Reiki en Occidente, nació en el 1900 en la isla Kauai, de Hawai. Era hija de japoneses, pero dado que el archipiélago pertenece a las posesiones territoriales de los Estados Unidos en el Pacífico, se convirtió automáticamente en ciudadana estadounidense. Sus padres habían regresado a Japón en 1935, hacia donde Takata –que había enviudado– viajó con sus hijas a Tokio para darles personalmente la mala noticia del fallecimiento de una de sus hermanas y para internarse en un sanatorio convencional: necesitaba una compleja intervención quirúrgica por diversos males que padecía. Su destino quiso que eso no se concretase y, en cambio, una fuerza poderosa la condujo a buscar auxilio en la clínica del doctor Chujiro Hayashi, donde los tratamientos de Reiki la sanaron de todos sus problemas físicos. Claro está: de inmediato solicitó acceso a las enseñanzas de Reiki I. Fue una excelente alumna y regresó sanada por completo a Hawai con su nueva visión de la vida y del mundo.

Tras reunir con mucho sacrificio los 500 dólares fijados como honorarios de capacitación, regresó en breve a Japón para ser iniciada en Reiki II. Allí, todo indicaba que el país iba rumbo a una guerra importante. El doctor Hayashi también había iniciado a su esposa, pero le preocupaba la continuidad de sus enseñanzas, puesto que todos los varones podían ser reclutados, en tanto que las mujeres no. En 1938, acompañado por su hija, mientras visitaba a Takata en Hawai, decidió iniciarla en la Maestría. No imaginaba que, ya radicada en EE.UU., su fiel discípula capacitaría del mismo modo entre 1970 y 1980 a otras veintidós personas, a partir de las cuales se difundió todo el Reiki que hoy se practica en América del Norte y del Sur, Europa, Australia y Nueva Zelanda.

La biografía que escribió una de sus alumnas[1], revela claramente que en las prácticas de Takata no aparecía el menor indicio de la raigambre budista de Reiki. Durante la última década, los maestros alemanes de Reiki se han ocupado de compensar esa omisión. Y a medida que comienzan a conocerse en Occidente los trabajos actuales de los modernos maestros japoneses, puede advertirse que las cinco pautas de conducta impulsadas por el sabio Usui surgen no sólo de la tradición espiritual japonesa sino que apuntan a arraigar al reikista en su neta esencia terrenal. Nadie desconoce que Usui fue un activo practicante de dos corrientes budistas importantes: la Tendai por parte de su tronco familiar, y la Shingon por propia adopción espiritual. Tampoco estuvo ajeno a las importantes enseñanzas del budismo Zen.

La escuela Tendai fue llevada a Japón por el monje Saicho durante el siglo VIII y tiene al profeta hindú Nagarjuna como su patriarca. Sostiene que el célebre *Sutra del Loto* pronunciado por Buda representa su mejor enseñanza y promueve técnicas de meditación basadas en profundos elementos esotéricos. Es muy interesante consignar los diez principios éticos de la escuela Tendai y cotejarlos con los cinco que Usui adoptó como propios para la enseñanza de Reiki. Son los siguientes (en Japón se los conoce como *Juuzenkai*):

1. Evita matar criaturas vivientes.

2. No robes.

3. No practiques sexo ilícito (ni abuses de los demás para sacar ventajas egoístas).

4. Evita hablar falsedades (mentir).

5. Evita la charla maliciosa.

---

1. *Fran Brown*, Reiki viviente: enseñanzas de Takata, *Uriel, 1996.*

6. Evita las expresiones desagradables (o resaltar los defectos de los demás).

7. No murmures sin ton ni son (ni te dediques a los chismes).

8. Evita la codicia y la envidia.

9. Evita la ira.

10. Evita las opiniones erróneas.

Si bien los preceptos de Usui comienzan bajo la perspectiva "sólo por hoy" o "ahora mismo", bajo la visión Tendai el practicante enuncia: "Desde ahora y hasta el final de los tiempos, yo prometo...".

Fuentes reveladoras

En cuanto al budismo Shingon (literalmente "mundo verdadero"), su fundador, el monje, sabio y artista japonés Kukai (cuyo *Tantra del Relámpago* resultó crucial para la gestación de Reiki), vivió en la misma época que Saicho. No faltan grupos esotéricos japoneses para quienes Usui fue una reencarnación de ese maestro. Kukai nació en el seno de una familia aristocrática, de joven estudió los clásicos chinos, pero abandonó la universidad y se convirtió en un asceta errante, y en esas circunstancias se convirtió al budismo. Durante los años 804 y 806 trabajó en la embajada japonesa en la China de la dinastía T'ang, donde profundizó al máximo sus estudios de los *tantras*. Regresó a Japón con gran prestigio y con una vasta colección de escrituras y objetos de arte, y fue honrado por el emperador. En el año 816 fundó su monasterio en el monte Koya, al sur de la ciudad de Kyoto. La historia le reconoce el talento de un gran maestro de caligrafía y se afirma que inventó (basándose en el sánscrito) el *hiragana*, un silabario que a partir de caracteres chinos permitió la escritura del japonés. El monte Koya sigue siendo un centro al que acuden muchos peregrinos, y como leyenda folclórica se afirma que Kukai –quien fue enterrado allí– no ha muerto sino que medita profundamente y algún día se alzará de nuevo.

Es frecuente que ante tanta variedad de "lecturas" y de "orientaciones" Reiki que existen, muchos reikistas europeos y estadounidenses se planteen un peregrinaje a las fuentes (Japón) para tener así acceso a los gérmenes de las enseñanzas del sabio Usui. La primera dificultad es el idioma, el segundo escollo es la diversidad de abordajes que hay al respecto en tierras niponas –sin omitir que algunos maestros no desean que sus prácticas sean copiadas y comercializadas–, y por último la vasta y agotadora trama de tendencias budistas que cualquier neófito encontrará disponibles en el Asia, y que jamás lograría sintetizar en el transcurso de su vida.

Curiosamente, Reiki ha comenzado a ser estudiado por los hindúes, quienes son más prácticos en lo que se refiere a las interpretaciones budistas, ya que el propio Buda es un fruto original de la India, si bien sus gérmenes arraigaron hondo en otras latitudes asiáticas, desde Japón y China, hasta Tíbet y Tailandia. Estas nuevas *lecturas* parten de la convicción de que la conciencia humana es una expresión del alma: el alma es *consciente*. La expresión que las enseñanzas de los *Vedas* hindúes aplican para definir al alma es *sat* (existencia eterna), *chit* (plenamente consciente) y *ananda* (colmada de deleite). Esta conciencia permea la totalidad de nuestra existencia, tanto física como psíquica.

Reiki es al mismo tiempo universal, cósmico e individual: toda división en categorías es un invento mental nuestro. La Creación consiste en las ilimitadas energías divinas de Dios. Muchas de estas energías han sido reveladas mediante las escrituras de las variadas religiones que existen o a través de las palabras de visionarios, santos y profetas. Se admiten tres categorías: el darse cuenta, la energía en sí, y su conducción.

Reiki constituye esa energía universal, con matices de esas tres categorías. Numerosos tratados tibetanos antiguos la definen, ya lo hemos dicho, como dinamismo vital universal. Es la máxima vibración de energía vital fácilmente al alcance del ser humano. Por ser de fuente divina, esta energía no excluye a nadie. Nos permite establecer contacto con la *usina* de impulsos vitales de nuestro mundo, y manifiesta así el aspecto unitario y unificador entre todas las almas (otra categoría de la energía de Dios), la Creación y Dios mismo. La base para conectarse con esta energía es el amor.

La visión hindú sostiene que todos los problemas humanos en última instancia se deben a una *separación* ilusoria de Dios, y los desórdenes físicos surgen de una subsecuente *separación* de la Creación. Cuando se produce ese distanciamiento de Dios, la entidad humana, para llenar el hueco de *soledad* que se produce en consecuencia, infla su conciencia en base a una falsa identidad, que trata independientemente de convertirse en el amo y señor de todo lo que percibe. Esto genera *miedo*, inseguridad. Para producir situaciones de seguridad, muchos se implican en asociaciones temporarias y se refugian en la confección de ambiciosos proyectos materialistas. Tratan de conquistar el amor y el afecto a través del poder y del prestigio. Al hacerlo así, siempre tienen que competir y salvaguardar sus intereses egoístas, porque se encuentran en un terreno donde todo el mundo trata de alcanzar sus metas de calma y placer por medio de la *prosperidad*. Esto los aleja más y más del amor.

Otros caen en la trampa de pensar (o se les hace pensar) que tienen que expiar algún *pecado* a fin de hacerse merecedores del amor, de modo que Dios finalmente acceda a ser su proveedor. Nunca lo consiguen, porque las semillas de su conducta errónea siguen brotando por más que practiquen millones de rituales religiosos.

Las prácticas espirituales reales pueden ayudarnos a trascender las actividades materiales ilusorias. Permiten darse cuenta de que uno posee una identidad básica que siempre ha estado presente a través de las buenas y malas situaciones de la existencia. Para ello hay numerosos métodos y procesos de apoyo.

Reiki es uno de ellos. El nivel universal de Reiki se halla en un estado de lucidez, fortaleza y conducción, combinado con la energía vital universal, disponible para quien esté interesado, mediante el método espléndido propuesto por el sabio Usui.

El mundo es la transformación de las energías de Dios en muchos niveles de manifestación. En la manifestación física humana conviven –no siempre armónicamente– la mente cósmica, la inteligencia personal y una serie de falsas identidades. Discernir sabiamente entre ellas es emprender el camino de la iluminación. Los *Vedas* hindúes nos dicen que hay ocho energías inferiores separadas, mientras que hay una única energía superior para las almas, aunque se halla en un plano marginal. Nuestra alma puede elegir conscientemente entre recurrir a la divina potencia placentera de Dios o a las bajas y aislantes energías materiales.

Amor universal

Cuando el alma se afinca en el plano de las energías inferiores, comienza la dura empresa de la "supervivencia de los más aptos", y la explotación de los recursos del mundo material. Cuanto más una cultura se embarca en esta ruta de explotación, más prisionera queda de sus complejidades. Y después de fútiles amagos de disfrute, irrumpe una dramática aversión o rechazo (hartazgo) de esos aparentes goces.

En ambos casos, tanto en la explotación como en el rechazo, el individuo está encarando el mundo de la manifestación de modo errado. La única manera de proceder consiste en tomar estrictamente lo necesario y con una actitud amorosa entender que el resto forma parte de lo que otros necesitan. El nivel cósmico contenido por la enseñanza Reiki aporta esta percepción a quien canaliza la energía. Lo pone a uno en contacto perceptible con los principios del Amor Universal en lo referido a la manifestación cósmica.

A nivel individual, Reiki nos ayuda a elevar la energía vital hasta su plena capacidad funcional. Hasta parece que el destino comienza a ayudar a reducir los efectos del *karma* a menores impactos de malestares o perturbaciones. En lugar del miedo, el gozo se hace cargo del comando. Parecería difícil de creer que algo tan sencillo en la práctica pueda desplegar una visión de la vida enteramente armoniosa. Pero la dinamización Reiki pone en marcha un veloz proceso de desintoxicación y permite que el dinamismo vital actúe plenamente. El relajamiento da como resultado una vitalidad mayor y una incentivada capacidad de resistencia.

Aunque el estudiante occidental no esté familiarizado con el tema, cuando durante las iniciaciones y las sintonizaciones el Maestro (Reiki Master) va abriendo los *chakras* del futuro canalizador de Reiki, no bien se completa esa tarea queda en condiciones de practicar su autotratamiento, colocando las manos sobre su cuerpo en las posiciones previamente indicadas. Su paso siguiente es experimentarlo con sus seres queridos y con las amistades. No es preciso que padezcan una enfermedad para aplicar el "tratamiento", que por cierto posee una intencionalidad preventiva. De hecho, en las escuelas de Reiki se acostumbra a practicarlo grupalmente, lo cual asegura una experiencia única de disfrute.

Todas las enfermedades son resultado de una conducta impropia, o de algún "incidente" inesperado, tal como el que surge de una epidemia, o los lamentables casos –demasiado frecuentes– de hemofílicos que han sido contagiados con HIV durante una diálisis con sangre contaminada. Reiki no cancela de modo alguno la necesidad de recurrir a la medicina ortodoxa del lugar donde vive el practicante, como por ejemplo la sutura urgente en un caso de hemorragia traumática, o la agudización de un cuadro infeccioso.

Pese a las elevadas metas que muchos maestros han establecido en todos los momentos de la historia humana, más allá de las aspiraciones de los fundadores suelen ser comunes divisiones y confrontaciones producidas por sus seguidores. La propia presunta *dualidad* de Usui ante las propuestas de dos escuelas budistas sirve como ilustración de esta fragilidad humana.

Las enseñanzas tántricas y los rituales que Kukai (Shingon) llevó al Japón tuvieron más impacto en la época que las promovidas por Saicho (Tendan). Algunos de sus monjes en el monasterio del monte Hiei se sentían inferiores a los que Kukai formaba en su templo del monte Koya. Sencillamente, porque Kukai había pasado mucho más tiempo en

China que Saicho recibiendo enseñanzas esotéricas, y al mismo tiempo había sido receptor de enseñanzas mucho más sofisticadas. Y como todos reconocían la superioridad del primero, terminó siendo frecuente que muchos monjes Tendai concurrieran al monte Koya para aprender prácticas Shingon. Al punto que Saicho llegó a pedirle a Kukai que practicara con él ritos *Abhiseka* (iniciaciones espirituales energéticas), algo que efectivamente sucedió. El resto fue consecuencia de la estupidez humana, vigente tanto en el año 816 como en nuestra época.

Todo indica que Saicho se negó a restituirle a Kukai varios documentos sagrados que éste le había prestado. Basta imaginar la discusión al respecto entre dos monjes sabios para advertir lo ridículo de la situación. Pero fue lo que sucedió, y desde ese momento los monjes Tendai dejaron de tener acceso al monasterio Shingon. Cabe destacar un malentendido que surge del uso del término japonés *mikkyo*, usado por ambas escuelas. Posee connotación de enseñanza "secreta", pero ello no indica un privilegio de un grupo cerrado, sino meramente una enseñanza o instrucción que no se extrae de los libros, sino que es transmitida de "maestro a discípulo".

La escuela Shingon desarrolló enseñanzas con gran énfasis en las dinámicas de sanación, vinculadas a la entidad del llamado Buda de la Medicina (*Healing Buddha*), y que fueron ampliamente requeridas por el emperador japonés para él, sus familiares y otros dignatarios de la corte. Ello produjo una corriente de construcción de nuevos templos Shingon en todo el Japón, para la diseminación de las prácticas sanadoras, y la formación de nuevos monjes. Todo indica que eso no se produjo en las filas de la escuela Tendai.

De allí se infiere el desencuentro que Mikao Usui tuvo con el abad del templo Tendai donde se celebraba el culto de su familia, y su concurrencia al templo Shingon para aprender los recursos germinales terapéuticos del budismo esotérico japonés. Nunca renegó de la tradición de su padre: simplemente fue a buscar fertilidad para un sueño, que terminó convirtiéndose en el método Reiki.

CAPÍTULO 4

Esencias humanas

En 1927, los alumnos del maestro Mikao Usui colocaron sobre su tumba una lápida conmemorativa, que contribuyó a disipar la leyenda construida por Hawayo Takata para "potabilizar" el ingreso de Reiki a los Estados Unidos, donde se mantiene abierta la herida producida en 1941 con el ataque imperial japonés a Pearl Harbor, una ensenada en la isla hawaiana de Oahy (situada a unos 10 km de Honolulu), sede de una de las mayores bases navales de los Estados Unidos.

En la madrugada del 7 de diciembre de ese año, una poderosa flota nipona formada por submarinos y portaaviones atacó por sorpresa a la flota estadounidense del Pacífico estacionada allí y a sus aeropuertos militares circundantes, donde destruyeron unos doscientos aviones de combate. Más de veinte unidades de la flota fueron hundidas o severamente dañadas, entre ellas ocho de los mayores buques de guerra de EE.UU. Las bajas norteamericanas, entre miembros de la marina, el ejército y la fuerza aérea, oscilaron entre los tres mil muertos o heridos (número cercano al de las víctimas del ataque terrorista a las Torres Gemelas de Nueva York, en septiembre del 2001). Aquel ataque marcó el ingreso de Japón a la coalición entre la Alemania nazi y la Italia fascista, y la entrada de EE.UU. a los aliados (encabezados por Gran Bretaña y Francia) durante la Segunda Guerra Mundial (1939-1945).

El contenido del texto redactado como tributo al precursor, un año después de su fallecimiento, disipa toda la mitología que lo identificó *for export* como "misionero cristiano". Asimismo, cabe señalar que Usui tampoco fue un "médico" en el sentido literal de la expresión (en Occidente se lo suele llamar *doctor* Usui), sino que como reconocimiento a su tarea sanadora entre las víctimas del terrible terremoto que destruyó la ciudad de Tokio en septiembre de 1923, el emperador le otorgó un importante premio al mérito (llamado *Kun San To*, una especie de diploma honoris causa). En Japón se lo llamó siempre *Usui Sensei* (calificativo altamente respetuoso atribuido a los maestros precursores de todo tipo).

La lápida expresa, en japonés antiguo:

«Únicamente la persona que posee elevada virtud y realiza obras meritorias puede ser considerada como gran fundador y líder. Desde tiempos muy antiguos, todos los sabios, filósofos y genios, fundadores de una nueva enseñanza o una nueva religión, adquieren tal característica. Puede decirse que Usui Sensei fue uno de ellos.

Inició un método nuevo para mejorar el cuerpo y el espíritu basado en el Reiki del universo. La gente que tomaba conocimiento de su reputación, que deseaba aprender el método o recibir la terapia, acudía a él desde todas partes. Por cierto fue alguien muy activo.

Usui Sensei, cuyo nombre común era Mikao y su nombre espiritual adquirido era Gyohan, nació en la aldea de Taniai-mura, en el distrito Yamagata de la prefectura de Gifu. El nombre de su antepasado era Tsunetane Chiba, activo comandante militar de fines del período Heian y comienzos del período Kamakura (1180-1230). El nombre real de su padre era Taneuji y su identificación pública era Uzaemon. Su madre provenía de una familia apellidada Kawai.

Usui Sensei nació el 15 de agosto de 1865, primer año del período Keio. De lo que se conoce, tuvo dificultades de aprendizaje en su infancia, pero estudió duramente con grandes esfuerzos materiales y superaba ampliamente a sus compañeros. Cuando creció, viajó para estudiar en países occidentales y en China. Quería tener éxito en la vida, pero no siempre lo conseguía, pues carecía de recursos. Pero no se rindió, se disciplinó para estudiar más y más.

Cierto día subió al monte Kurama-yama para efectuar un severo entrenamiento espiritual ascético de meditación y ayuno. Al comenzar el vigésimo primer día, sintió de repente un inmenso Reiki sobre su cabeza y de inmediato pudo discernir la verdad. En ese instante recibió el Reiki *Ryoho*.[1] Cuando se lo aplicó primero a sí mismo, y después lo experimentó con su familia, obtuvo resultados inmediatos. Sensei dijo: "Es mucho mejor compartir este gozo con la gente del mundo que reservar el conocimiento en la propia familia". De modo que en abril de 1922, undécimo año del período Taisho, mudó su residencia a Ayoyama Harajaku (Tokio). Allí fundó su instituto, Gakkai, para enseñar Reiki Ryoho al público y para practicarlo. Mucha gente venía desde muy lejos y solicitaba orientación y terapias, haciendo largas filas frente al edificio.

Gentil y prudente

Tokio sufrió un gran incendio como consecuencia de un terremoto en el distrito de Kanto en septiembre de 1923, y en todo el sector la gente sufrió heridas y enfermedades. Usui Sensei se angustió mucho por ello, y se aplicó a realizar sanaciones recorriendo todos los días la ciudad. Resulta imposible saber cuánta gente fue salvada de la muerte por su devoción. Extendía sus manos de amor sobre la gente que sufría en medio de la emergencia.

Después, su centro de enseñanza se hizo pequeño para recibir a los enfermos y los aprendices, de modo que en febrero de 1925 construyó una casa nueva en Nakano, suburbio de Tokio. Como su fama se agigantaba sin cesar, comenzó a recibir invitaciones de muchos lugares de Japón. Según esos convites, viajó a Kure e Hiroshima, a Saga y a Fukuyama. Fue en una posada de esta última ciudad que se enfermó y dejó de existir el 9 de marzo de 1926. Tenía sesenta y dos años.

---

1 *Método de sanación.*

Su esposa Sadako provenía de la familia Suzuki, y tuvieron un hijo y una hija. El nombre de su hijo, sucesor de la familia, es Fuji. El carácter natural de Usui Sensei era gentil, prudente y humilde. No se guiaba por las apariencias. Físicamente era fuerte, corpulento, y su rostro siempre ostentaba una sonrisa. Pero cuando se enfrentaba con dificultades, iba adelante con una férrea voluntad, con perseverancia y cautela. Era un hombre de gran versatilidad, le gustaba la lectura, y tenía conocimientos profundos de historia, biografías, ciencias médicas, obras teológicas budistas y cristianas, psicología, artes paranormales, adivinación, Ju Jitsu, I Ching y fisionomía. Resulta evidente para todos que el cultivo y la capacitación de Usui Sensei se basaron en sus estudios sobre artes y ciencias, y que de esa idoneidad surgió la clave para crear la sanación Reiki.

La finalidad de Reiki no consiste sólo en sanar enfermedades, sino también en corregir la mente por virtud de los dones espirituales conferidos por Dios, mantener saludable al cuerpo, para disfrutar el bienestar de la vida. Para enseñarle esto a la gente, primero el estudiante debe entender bien las admoniciones del emperador Meiji y las pronuncie para tenerlas presentes, de mañana y de noche.

Las cinco admoniciones son: 1) hoy no te enojes, 2) no te preocupes, 3) expresa agradecimiento, 4) dedícate bien a tu labor, 5) sé bondadoso con los demás.

Estos son preceptos muy importantes, con los cuales se disciplinaron los sabios y los santos de los tiempos antiguos. Sensei consideraba que «encerraban un método secreto para lograr la buena fortuna y también una medicina milagrosa para remediar todo tipo de enfermedad», lo cual fundamentó claramente el propósito de sus enseñanzas. Más todavía, su intención era hacer que sus orientaciones fuesen de máxima simplicidad, sin dificultades de comprensión. Toda vez que te sientes quietamente y unas tus manos en postura de plegaria, y entonces los preceptos, podrás desarrollar una mente pura y sana, y allí está la esencia que eleva al máximo tu vida cotidiana. Esta ha sido la razón de la gran popularidad de Reiki.

Últimamente se producen grandes cambios en la sociedad, y el pensamiento de la gente está propenso al cambio. Si por fortuna, Reiki se expandiera para sanar a la gente de todo el mundo, eso sería una gran ayuda para evitar que sus mentes se desordenen en un sentido moral. Además, aporta a la gente los beneficios de sanarse de enfermedades prolongadas, afecciones crónicas arraigadas y malos hábitos.

La cantidad de alumnos de Usui Sensei superó los dos mil. Algunos de sus principales discípulos que permanecen en Tokio están entre ellos y se reúnen en su Instituto para continuar su obra, mientras otros se encuentran en diversas partes del país haciendo lo posible para popularizar la tarea Reiki. Si bien el maestro Usui ya no está entre nosotros, tenemos que seguir compartiendo Reiki generosamente.

Como resultado de una reciente reunión y debate de nuestros discípulos, decidimos erigir este monumento en su tumba del templo Saihoji, para evidenciar su benevolencia y para trasmitir Reiki a la posteridad: por eso se me pidió que redacte este epitafio. Como aprecio inmensamente su obra y me conmueve el respeto cariñoso de sus discípulos, en base al vínculo intenso del maestro con ellos, no osé negarme y me atreví a redactar este texto.

Por lo tanto, anhelo de todo corazón que la gente de las generaciones futuras no olvide mirar hacia este monumento, maravillada, con los ojos bien abiertos».

Febrero, 1927
Redactado por Masayuki Okada, doctor en Letras.
Caligrafiado por el contralmirante Juzaburo Ushida.

Al año siguiente, al cumplirse el segundo aniversario del deceso de Mikao Usui, firmado por Shouoh Matsui, apareció publicado en la revista *Sunday Manichi* un artículo titulado "Tratamiento para sanar enfermedades: manos sanadoras". El extenso texto se refería al Reiki Ryoho y cuestionaba una presunta reticencia de sus alumnos para divulgarlo masivamente. Comentaba: *«No puedo entender por qué no lo vuelcan hacia el público. El cristianismo tiene sacerdotes comprometidos en una acción misionera, el budismo también lo hace. Originalmente, la palabra "propaganda" se usó para diseminar la verdad. Si esta "verdad" hace feliz a la gente, propagarla sería un deber de los seres humanos. Por hacerlo, algunos practicantes de Reiki me llaman hereje... Pero no puedo permanecer en silencio. Si promuevo el Reiki y lo difundo para realizar mi ideal, Japón se convertirá en un paraíso. No sólo Japón, sino todos los países del mundo serán paraísos sin enfermedades».*

Matsui se había capacitado en la clínica del Dr. Hayashi, que no era budista sino cristiano metodista, y que había prestado servicios en la armada japonesa como capitán cirujano. Y para resaltar las virtudes del método fundado o creado por el maestro Usui, citaba casos de personas que había atendido en su propia clínica.

Uno de ellos era el de un maestro secundario que le había llevado a su hija de cuatro años. La niña había dejado de ver con un ojo, y la visión del otro comenzaba a debilitarse. El padre la había llevado a varios médicos y ninguno de ellos había podido encontrarle remedio al problema. Cuando estuvo frente a la niña, Matsui aplicó con sus manos una especie de *escaneo* o rastreo intuitivo que formaba parte de las enseñanzas de Usui (y que el maestro alemán Arjava Petter identifica como *Boysen*). Localizó anomalías a nivel del estómago, la nariz y los riñones, como fuente de sus problemas oculares. Después de seis tratamientos completos, la niña comenzó a ver nuevamente. Sorprendido, y a la vez maravillado, el padre de la criatura se inscribió en un curso de Reiki para poder realizar sanaciones por su cuenta.

El sanador Matsui revelaba que al hacer el *escaneo* corporal de sus pacientes las anomalías le eran reveladas por un dolor que se producía en sus dedos o en las palmas de sus manos, cuando las posaba en las regiones afectadas. De ese modo resolvió un serio problema de estrés cardíaco que padecía un actor teatral llamado Takeo Kawai.

Idoneidad sanadora

El reikista se planteó estos interrogantes: ¿Por qué se sana esta anomalía del corazón? ¿Por qué surge ese dolor en las manos del sanador? Y respondía: «*Son grandes preguntas. Es realmente misterioso que la enfermedad ante la cual había claudicado un médico convencional, se había sanado mediante la imposición de manos. Este fenómeno no puede explicarse pero tiende a ser entendido como un fenómeno espiritual. Según mi opinión, se debió al flujo de sangre de mis manos, que fue bien activado cuando recibí las enseñanzas del doctor Hayashi. No puedo revelar el método y el proceso de mi capacitación con Hayashi, pero lo cierto es que ella me proporcionó la idoneidad sanadora, una obra poderosa, bella y espléndida sobre los nervios periféricos de mis manos*».

Matsui había cursado solamente el nivel básico, denominado *Shoden* por Usui, y como se consideraba un principiante, no se sentía preparado para acceder al nivel siguiente, avanzado, llamado *Okuden*. Recordaba gratamente su llegada a Reiki, que se produjo cuando personalmente le contó a un amigo que estaba padeciendo algunos malestares crónicos y que pensaba dedicarse a jugar golf para aliviar tensiones. El amigo le respondió: «Hay una práctica mucho mejor que el golf, se llama Reiki».

En su nota periodística, recordaba: «*Cuando se empieza Reiki, es preciso practicar por lo menos una hora y media diaria, y seguirla por lo menos de lunes a viernes. Alguna gente consigue sanar a otros desde el primer día del aprendizaje. El tratamiento se aprende con enorme facilidad. Cierta conciencia, que está oculta en todos nosotros como una especie de sexto sentido, es activada por el entrenamiento, y la capacidad sanadora se manifiesta. El Maestro ofrece la lección de manera sencilla, fácil. Se trata de una capacidad común de los seres humanos y cualquiera, excepto los bebés, puede sanar a los demás».*

Los tres últimos discípulos que Usui tuvo antes de fallecer fueron inusuales: tres altos oficiales navales, Jusaburo Ushida, Ichi Taketomi y Chujiro Hayashi. Los estudiantes de la clínica se sorprendieron el día que vieron entrar al recinto a esos miembros de la Armada Imperial, y varios de ellos manifestaron su incomodidad ante la decisión de enseñarle métodos espirituales a los militares. Todo fue resultado de una serie de tratamientos que Usui había brindado en una base de la Marina.

Hayashi se había graduado en la Academia Naval en 1902, y cuando comenzó su capacitación con Usui para la Maestría en 1925 tenía cuarenta y siete años. Todo indica que no llegó a estudiar más que los nueve meses previos al deceso de su maestro. Según testimonios de otros maestros de la clínica, con mucha mayor experiencia, cuando se alcanzaba el grado de Maestría con Usui allí se iniciaba un extenso ciclo de entrenamiento que culminaba en el aprendizaje de los rituales de conexión. Y alegaban que Hayashi sólo había logrado meditar profundamente sobre el símbolo de energía del segundo nivel y que no había podido introducirse a fondo en las enseñanzas *internas* de Reiki. Retrospectivamente se piensa que en ese tipo de crítica incidió el sentimiento anticastrense de los colaboradores principales del maestro Usui, para quienes la clínica se estaba convirtiendo en un "casino de oficiales".

Por su formación cristiana, el doctor Hayashi no compartía la euforia nacionalista. Para alejarse de las tensiones del instituto de Usui luego de su muerte, abrió su propia clínica, donde estructuró las posiciones de manos que efectivamente daban resultado, según la experiencia del iniciador de Reiki, que siempre dejaba abiertas las puertas para variaciones intuitivas permanentes, cosa que no calzaba del todo en la configuración mental de Hayashi como cirujano. Testimonios recogidos entre maestros de aquella época, indicarían que sus decisiones formales fueron tomadas cuando Usui aún vivía y que contaban con su aprobación. Al punto que posteriormente se convirtieron en el "manual oficial" de la Escuela Usui de Sanación Natural. También se verificó que Hayashi no imponía a sus alumnos la serie prefijada de posiciones de manos, sino que los estimulaba a practicar las iniciativas intuitivas que eran el sello de Mikao Usui.

La reconstrucción histórica permite constatar que Usui inició en el grado de Maestría (llamado *Shinpiden*) a diecisiete personas: cinco monjas budistas, tres oficiales navales, y otros nueve hombres entre los que se encontraban su mayor amigo y discípulo: Toshihiro Eguchi, quien posteriormente fundó su propia religión y se orientó más hacia las exploraciones chamánicas. Varios testimonios registrados en aquella época indicarían que fue Eguchi quien le aportó al doctor Hayashi los conocimientos referidos a los rituales de conexión que no habría alcanzado a recibir de Usui. También se afirmaba que no todos los maestros formados por Hayashi (fueron trece) se ajustaron a los parámetros ortodoxos de Reiki.

Era una época de enorme expansión espiritual y de notables descubrimientos terapéuticos, religiosos, artísticos y existenciales, muchos de los cuales se perdieron durante la tragedia de la Segunda Guerra Mundial. El propio Hayashi, atormentado por la creciente ola de nacionalismo extremo que arrastraba a Japón y ante la certidumbre de que el país iba hacia una trágica conflagración, se suicidó el 10 de mayo de 1940.

Las tradiciones recuperadas narran que el ascenso ascético e iluminador de Usui al monte Kurama no fue una excepción, ya que algo análogo sucedió con el samurai Ueshiba, a quien los "espíritus" de la montaña (llamados *Tengu*) le habrían comunicado los secretos del arte marcial que luego sería el Aikido, durante uno de sus retiros en lo alto.

También cabe consignar que para Usui todas sus enseñanzas adherían a un método frecuente en muchos casos denominado *Ronin* (sin liderazgo). La denominación "maestro" o "gran Maestro" (común en el

Reiki occidental) no existió nunca en su Escuela. Él quería tener la seguridad de que cualquier individuo laico, no adherido a una religión específica, o cultor de credos que no fuesen los suyos, pudiera tener libre acceso a Reiki y aprenderlo sin limitaciones. Lo opuesto hubiese sido convertir el método en un asunto de familia, dinástico, en vez de compartirlo con personas ajenas al círculo íntimo. Cosa que para el maestro Usui jamás fue un objetivo. Pero que en los Estados Unidos, los descendientes de Hawayo Takata, asumen como prioridad (en cierta época trataron de patentarlo como marca registrada con la intención de cobrarle *royalties* a todos los reikistas del mundo). Del mismo modo, algunos de los veintidós maestros formados por ella han registrado marcas que adosándole una nomenclatura específica al término Reiki se publicitan como la "única verdad".

Capítulo 5

Artesanía espiritual

En la literatura Reiki proveniente de Europa y los Estados Unidos, resulta frecuente el cotejo de la energía *Ki* con numerosas otras denominaciones de muy diferente origen y de distintos momentos históricos. Algunas se detallan, otras se dan por sobreentendidas. Una de las más habituales remite al *mana* de las tradiciones indígenas de la Polinesia, y a sus cultores, los *kahunas* de la región. Otra de ellas remite al *orgón*, teoría elaborada por el terapeuta austríaco Wilhelm Reich (1897-1957), fundador de la *vegetoterapia*, uno de cuyos seguidores estadounidenses –Alexander Lowen– desarrolló la llamada *bioenergética*. Viene al caso revisar estas presuntas analogías, tarea necesaria que apenas ha comenzado en el mundo.

Para la población nativa de Hawai, etimológicamente, *huna* quiere decir "secreto" y *kahuna*, "guardián del secreto". El primer conocimiento de su existencia lo tuvo en 1917 el psicólogo estadounidense Max Freedom Long (1890-1971) que llegó a la isla para desempeñarse como docente en una escuela tribal ubicada en la zona de influencia del volcán Kileauea. A poco de comenzar su labor, comenzó a escuchar referencias sobre trabajos psíquicos que efectuaban algunos sacerdotes aborígenes, pero cuando trataba de indagar el tema de los "kahunas" sólo obtenía evasivas o consejos para que no se entrometiera en tales cuestiones. Todos sus esfuerzos para quebrar el muro de silencio fueron inútiles. Cuatro años después se trasladó a Honolulu, donde conoció a un anciano investigador y compatriota, el doctor William T. Brigham, que llevaba cuatro décadas viviendo en la región y conocía como pocos extranjeros el tema que Long había tratado de abordar en vano.

El veterano Brigham intuía que su carrera concluía y le dijo a su joven interlocutor: «*Todas las explicaciones comunes que circulan sobre la magia de los* kahunas *no son pertinentes. No trabajan con la sugestión, ni es nada que nuestra psicología conozca. Utilizan algo que nosotros todavía debemos descubrir, y ese algo es de una importancia inestimable. Si lo encontramos, revolucionará el mundo. Cambiará completamente el concepto de ciencia. Pondrá orden entre los credos religiosos en conflicto. Ellos emplean algo que usted ha llamado magia. En verdad, sanan. En verdad, también pueden matar. Pueden ver el futuro y cambiarlo para sus clientes. Es verdad, hay muchos impostores entre ellos. Pero hay otros que son auténticos. Y hay tres cosas que he verificado: 1) debe haber alguna forma de **entidad** o de conciencia que está en el hombre o fuera de él, con la cual los* kahunas *han podido contactarse por medio de ceremonias y oraciones; 2) esta conciencia desconocida podría estar utilizando una potencialidad no identificada, que controla la temperatura cuando se camina sobre brasas o produce cambios en la materia física durante las sanaciones instantáneas; y 3) debe existir alguna forma de **substancia**, visible o invisible, por medio de la cual esa energía puede actuar*». Brigham vivió cuatro años más, hasta 1925, y puso a disposición de Long todo el conocimiento que había acumulado. No le sirvió de mucho: había un "muro" de significados intangibles que no lograba traspasar. Vencido, en 1932 regresó a California.

Tres años más tarde, una noche despertó agitadísimo. Durante semanas había tratado de discernir ese "algo" muy elemental y obvio[1] que habían pasado por alto él y Brigham. Y súbitamente lo captó: durante generaciones, los *kahunas* habían transmitido oralmente su conocimiento secreto a sus hijos de sangre, hombres y mujeres, pues el hawaiano antiguo no poseía escritura. Pero su idioma primitivo podía esconder, con

---

1. *Eduardo Benavides*, Huna: ciencia de los milagros, *Ediciones Z, 1995.*

palabras en código y en símbolos, el secreto *huna*. Sin tales símbolos y tal código hubiera sido imposible preservar dicho conocimiento durante tantos siglos, y pasarlo intacto de una generación a la siguiente. Max Freedom Long dedicó el resto de su vida a explorar ese territorio desconocido y volcó sus hallazgos en unos quince libros, el primero de ellos titulado *Recovering the Ancient Magic* (La recuperación de una antigua magia). Uno de los últimos se titulaba: *What Jesus Taught in Secret* (Lo que Jesús enseñaba en secreto). ¿Símbolos? ¿Acaso no fue ésa la súbita revelación que tuvo Mikao Usui en la cumbre del monte Kurama?

Dimensiones desconocidas

Según la religiosidad *huna*, el ser humano posee tres almas: un yo básico (*Unihipili*) debajo del plexo solar, un yo intermedio (*Uhane*) y un yo superior (*Aumakua*), equiparables correlativamente con el inconsciente freudiano, la conciencia cotidiana y un don sobrenatural que suele llamarse "clarividencia" o "mente subliminal". Sin importar la distancia, toda entidad viviente puede vincularse mediante misteriosos filamentos denominados *aka*, por medio de los cuales el *Aumakua* puede saber todo lo referido al bienestar de otra persona. El *mana* es la energía vital que impregna la totalidad del Universo, desde el reino mineral hasta los seres humanos, y conduce la información fundamental a lo largo de los *aka*. La forma básica del *mana* se corresponde con la energía del yo básico, que incluye al cuerpo humano, sus emociones y el sector de la mente que trabaja con la memoria. La frecuencia intermedia del *mana* sostiene el raciocinio mental (el alma consciente). Y la tercera forma del *mana*, más elevada, es la energía vital en el plano anímico, mediante la cual se logran la clarividencia y, eventualmente, procesos enigmáticos de materialización y desmaterialización.

Poco después, un ex periodista del diario *The Christian Science Monitor* se puso en contacto con Long para contarle que había leído su libro sobre los *kahunas* y que la narración poseía paralelos asombrosos con historias que había escuchado entre las tribus bereber del norte de África (montes Atlas) cuando trabajaba para una empresa petrolera holandesa. Allí había conocido a una *quahine* (sacerdotisa) con dones sanadores desconcertantes. Pero más sorprendentes fueron sus relatos míticos sobre el origen de su pueblo, que según ella era una de doce tribus que habían vivido en tiempos remotos en una región que sería el Sahara, donde gracias a las extraordinarias capacidades de los sacerdotes se habían construido altas pirámides. Por cuestiones que la mujer no llegó a explicar en detalle, casi todas aquellas tribus superdotadas debieron emigrar, y usaron las capacidades especiales de sus chamanes para dirigirse navegando en canoas hacia islas deshabitadas del Pacífico, mientras que la tribu bereber se desplazaba hasta los montes Atlas. El viejo periodista puso a disposición de Long todos sus antiguos cuadernos de apuntes, y ello lo motivó para escribir otro libro extraño: *The Secret Science Behind Miracles* (Una ciencia secreta detrás de los milagros).

Sin entrar en disquisiciones sobre las llamadas "tribus perdidas de Israel", las evidencias etnológicas modernas indican que el pueblo bereber del norte de África es una etnia caucásica de tronco camita, diferenciada de los árabes, que son de raíz semita. La lengua bereber cuenta con trescientos dialectos propios, emparentados con los del antiguo Egipto, pero en nada afines al árabe o cualquier otra lengua europea, y se escribe con caracteres alfabéticos que no han sufrido modificación apreciable durante miles de años.

Existen actualmente en Hawai y en Gran Bretaña numerosos investigadores de la psicología Huna, para quienes la obra del pionero Freedom Long es lectura obligada. Todos ellos coinciden en que somos más que nuestro cuerpo. Dado que uno es consciente de su propia existencia, se da cuenta de que está vivo y que tienen lugar los procesos del pensamiento. Percibimos nuestro cuerpo y sus diversas funciones, tanto voluntarias como involuntarias. La parte de nosotros que es todas esas cosas –el yo real, por así llamarlo– nos habilita para tener conciencia de que existimos como una *persona* espiritual o psíquica adosada al cuerpo en el cual habitamos. De allí que algunos individuos hablen de "yo y mi cuerpo". A veces, ciertas personas se proponen "hablar consigo mismas" para debatir decisiones que se refieren a su vida de relación o a sus compromisos laborales. Los antiguos *kahunas* hawaianos hablaban sobre los tres "yoes" del hombre, en conexión con sus duplicados exactos que denominaban *cuerpos-aka*. Estas substancias inmateriales formadas por una especie de pauta invisible o "aura" que envuelven cada "yo", mantienen intacto su molde, pero pueden cambiar de forma temporalmente para formar una trama conectiva entre el yo básico, el yo intermedio y el Yo Superior.

Según la información acumulada, los *kahunas* trabajaban con las potencialidades magnéticas de atracción y de oposición del *mana*, pero no hay nada escrito que corrobore tal dinámica. Pero identificaban a esa energía como algo que vinculaba los procesos de pensamiento y las funciones vitales. La dinámica vital era la esencia de la vida misma. Su símbolo para la energía vital universal era el agua. El agua fluye, la energía vital también. El agua colma contenedores, igual que la energía vital. El agua puede dispersarse: con la energía vital sucede lo mismo.

Sabemos que cuando efectuamos una inspiración profunda, ello nos carga con una cantidad extra de energía. Cuando combinamos el *mana* del alimento y del aire con *mana* adicional de las fuentes ilimitadas del cosmos, siempre podemos disponer de la potencia que necesitamos para lograr lo que genuina y justamente anhelamos. Así como el antiguo sacerdote *kahuna* consideraba que el ser humano es un ser "triuno", visualizaba a Dios del mismo modo, como trinidad. Usaba los nombres Ku, Kane y Nanaloa, correlativos con los de otras religiones que no estaba en condiciones de "conocer" directamente: Padre, Hijo y Espíritu Santo (cristianismo) o Brahma, Vishnú y Shiva (hinduismo).

Latitudes compatibles

Las enseñanzas secretas de la antigua cultura polinesia de Hawai y de otras islas de los mares del Sur se basan en un mismo lenguaje y una misma mitología. Tienen también en común una ritualidad chamánica, y modalidades cotidianas de comercio, salud y vida comunitaria.

Para el mundo occidental, constituyen un mundo altamente esotérico, plagado de supersticiones ocultistas y sumido en una realidad situada más allá de las nociones de "realidad" que transita el mundo científico moderno que se considera "desarrollado".

Los sanadores *kahunas* eran expertos en el empleo del poder de la conciencia para influenciar positivamente a cualquier organismo vivo, y ésa es exactamente la propuesta Reiki, desde otra latitud y con otras modalidades. El sanador polinesio también era un maestro en la aplicación de tratamientos fitoterapéuticos (hierbas medicinales). Pero sus poderes iban más lejos: sabían diseñar canoas capaces de atravesar vastas superficies marítimas, bocetaban grandes proyectos de irrigación, construcción de estanques para la cría de peces, edificación de casas "ecológicas", e incluso poseían profundos conocimientos astronómicos que les permitían localizar sus islas diminutas desde la grandiosidad oceánica.

Uno de los grandes postulados de los *kahunas*, señala un inteligente libro hawaiano[2], era asumir que el amor opera mejor que cualquier otra cosa como herramienta para la acción efectiva: *«Dado que el amor implica estar en armonía con el mundo, una intencionalidad amorosa es la fuerza espiritual más poderosa que el mundo puede conocer. La palabra hawaiana para el amor es la bien conocida expresión* **aloha***. Se abusó tanto de esta palabra que casi se ha convertido en un clisé insignificante usado para vender de todo, desde papas fritas a paquetes turísticos. Sin embargo, cuando rescatamos intencionalmente su significado original, el poder de la palabra súbitamente resurge renovado. Tradicionalmente, la palabra* aloha *significaba "compartir la vida gozosamente en el momento presente". Cuando entendemos que* **alo** *significa "estar con" y* **oha** *significa "felicidad", se vuelve claro el significado cabal de la expresión. Más todavía, el término raíz,* **ha**, *quiere decir "aliento de vida". Fusionado con* **alo-ha** *termina convirtiéndose en "disfrutar juntos colmados por el aliento de la vida". Tarde o temprano, la ciencia occi-*

---

2. *Kala H. Kos & Jhon Selby*, The power of Aloha, *Goldmann, 1999.*

78

*dental "descubrirá" que la mente humana puede proyectar su inten-
cionalidad o **mana** hacia el mundo material».*

La cosmovisión del pueblo polinesio, tal vez por su ubicación geo-
gráfica, permanece en la lateralidad de los intercambios actuales de conocimientos. Pero su permeabilidad al diálogo con la sabiduría Reiki
indica que se trata de dos lenguajes conexos, compatibles. Lo cual tor-
na pertinente citar un poema de Max Freedom Long:

Plegaria Huna

*Si hoy tuve que herir a alguien
con el pensamiento, la palabra o un acto,
o le fallé a alguien en su necesidad,
ahora me arrepiento.*

*Si puedo dar de nuevo estos pasos,
mañana realizaré enmiendas
y sanaré con amor aquellas heridas.
A ello me comprometo.*

*Y si una herida me lastimó muy hondo
y no se realizaron enmiendas,
pido que la luz lo equilibre todo.
Considero la deuda como pagada.
Espíritus Parientes a los que amo,
y que yo sé que me aman,
vengan hasta la puerta abierta de par en par.
Aclaren mi sendero hacia ustedes.*

La herencia del Orgón

De todos los accesos que permite la compleja y controversial construcción psicoanalítica de Wilhelm Reich, probablemente la más pertinente en este contexto sea la desarrollada por uno de sus discípulos

estadounidenses, el terapeuta Alexander Lowen. Un estudioso francés de la bio-energía[3], sostuvo que con frecuencia los médicos y los psicoterapeutas conocen mal la importancia de la respiración. Así como la oxigenación incrementa la energía del organismo y su movilidad; una respiración inadecuada, por el contrario, reduce la movilidad corporal. La depresión y la fatiga están directamente conectadas a una merma del fuego metabólico. Según Lowen, un fuego mal ventilado es siempre la imagen de la depresión. Quien respira mal, en lugar de estar rebosante de salud y de vida, es fastidioso y poco vital. *La mayor parte de la gente respira mal.*

Por lo general, en las situaciones de estrés se retiene la respiración. El cuerpo tenso, la respiración reducida al mínimo: tales son los estados que se traducen en ciertos trastornos psíquicos, y en ciertas dificultades laborales o de estudio. Los terapeutas reichianos afirman que un diafragma en estado de contractura impide la relajación orgásmica.

La respiración sana unifica el cuerpo. Comienza a partir del abdomen en estado de relajación. Después se expande hacia el tórax; de inmediato comienza la espiración, algo así como un abandono del pecho. El cuerpo entero está implicado en la respiración, no apenas los pulmones. Pero una tensión en alguna parte del organismo puede destruir esa unidad.

Señala Lapassade que la respiración es una actividad "involuntaria" del cuerpo. Está bajo el control del sistema neurovegetativo –como se decía cuando Reich fundaba la vegetoterapia–, o sistema nervioso autónomo. Pero la respiración puede someterse también a un control consciente; se puede aumentar o disminuir en profundidad. Ahora bien: la respiración consciente no tiene efecto directo sobre las regulaciones involuntarias de la respiración.

John Pierrakos, otro de los continuadores norteamericanos de la obra de Reich y director del Instituto de Análisis Bio-Energético, se re-

---

3. *Georges Lapassode,* La bio-énergie, *Editions Universitaires, 1974.*

fería a la luminosidad de la energía orgónica y describía así las tres capas del aura de los seres humanos: «*Si se pudiese percibir ese fenómeno luminoso alrededor del cuerpo, existente también en el espacio entre los individuos, se vería que los seres humanos están bañados por un mar de fluido rítmico de colores brillantes, que cambian incesantemente de forma, tiemblan y vibran. Porque estar vivo es estar coloreado, y vibrar...*». Y de inmediato describía las tres capas coloreadas del aura: una es azul noche; la segunda, azul noche mediano; la tercera, azul cielo.

Los fenómenos del campo energético humano fueron señalados hace miles de años en la historia de la humanidad. Fueron descubiertos aproximadamente unos tres mil años antes de Cristo por los chinos y expresados según el principio de polaridad *Yin* y *Yang*. El universo se percibía en su dualismo como un macrocosmos, y el hombre como un microcosmos. La cosmología y la medicina chinas se fundaban en la comprensión y utilización de principios bio-energéticos.

Hay en el mundo otros reikistas que no consideran correcto establecer un paralelo entre el **orgón** de Reich y la energía vital universal, especialmente por la formación marxista de ese terapeuta y los prejuicios materialistas de sus herederos, reacios a tomar en cuenta cabalmente las realidades espirituales del ser humano. No es un debate pertinente en este lugar. Pero cabe rescatar que Reich estudió minuciosamente los bloqueos energéticos (*estasis*) que inciden en la aparición de muchas anomalías funcionales socavadoras de la salud humana.

Finalmente, la filosofía china que expresan el *I Ching* y la escuela Taoísta destacan que el *Yin* y el *Yang* son polaridades dinámicas, que no deben entenderse según las fórmulas del dualismo occidental (estilo oscuridad versus luz, o contracción versus expansión). Se trata de dos principios complementarios de cuya interacción depende el conjunto del Universo manifiesto.

Ya sea en Hawai, China, Japón o cualquier otro punto del planeta, Reiki habla un mismo lenguaje y propone una misma meta: la plenitud, la salud. Y como la luz, es tomada por cada organismo en la medida exacta de sus necesidades, sin supervisores ni edictos de control.

Una de las percepciones más nítidas de esas realidades "sutiles" la aportó el naturalista Lyall Watson[4] tras estudiar los ritos de percepción extrasensorial, las sanaciones psíquicas y la previsión del futuro realizadas por los nativos de una isla del Pacífico Sur: *«La Tierra es un árbol con fruto, y todo cuerpo fructífero está conectado a su tronco por una fuerte corriente de energía. Los ritos fundamentales siguen siendo los mismos, pero a medida que las condiciones cósmicas cambian, el campo de la Tierra se modifica al unísono, y esa fluctuación se filtra hasta niveles locales. Sus efectos no son idénticos en todas partes, pero un cuerpo arraigado en un punto del espacio será sensible a estos cambios de tiempo. A su vez, un cuerpo móvil, que cambie de lugar en un lapso breve, será capaz de descubrir la diferencia de espacio. Nuestra línea de referencia cósmica, ya dominante terrestre, ya frecuencia de polarización, hace posible esa sensibilidad. Está muy difundido un sentido de lo especial. En Polinesia lo llaman* **huna**».

Los *kahunas* lo tenían claro. Mikao Usui, a su manera, también.

---

4. *Lyall Watson.* Gifts of Unknown Things, *Hodder and Stoughton, 1976. (Edición castellana:* Dones de un mundo desconocido, *Diana, 1979.)*

CAPÍTULO 6

El desafío evolutivo

E l mundo Reiki lucía estabilizado entre dos organizaciones norteamericanas ortodoxas que se ciñen a los parámetros consolidados por Hawayo Takata, una tríada renovadora germano-estadounidense (encabezada por los maestros Arjava Petter, Lübeck y Rand), y las variadas corrientes tradicionales o modernas que existen en Japón. Hasta que al promediar el año 2001 aparecieron casi simultáneamente dos libros que agitaron perturbadoramente las quietas aguas de la Sanación Natural según Mikao Usui. Eran *Medicine Dharma Reiki*, del Lama Yeshe (Dr. Richard Blackwell), y *The Tao of Reiki*, de Lawrence Ellyard. Desde ese momento, algunas cosas dejaron de ser como habían sido.

Hasta ahí, ya se tratase de la orientación occidental o de la japonesa, todos los Reiki Masters del mundo disponían de un diploma que garantizaba su pertenencia al linaje de Usui, es decir, se habían formado con alguien que reconocidamente provenía de la descendencia de formadores de Maestros de acuerdo con una continuidad inequívoca, emanada de la fuente.

Desde ahí, se descompaginó el referencial histórico, porque tanto el Lama Yeshe, como su discípulo Ellyard, sostienen que obra en poder de ellos un acervo desconocido de Mikao Usui. Ni más ni menos que su cofre personal, presuntamente repleto de escritos propios originales y una serie de documentos antiguos cuyo estudio le permitió realizar los hallazgos que lo convirtieron en el fundador de Reiki.

La novedad responde al nombre de *Men Chhos Reiki*, que se ciñe también al título de uno de los dos libros mencionados antes: *Medicine Dharma Reiki*. Y a grandes rasgos surgen dos interrogantes: ¿son auténticos los materiales que constituirían la herencia de Usui? Y además (ésta es una cuestión crucial en el mundo reikista): si el Lama Yeshe no tuvo jamás contacto con el maestro Usui, ¿como podría inscribirse en el linaje respectivo? La polémica se ha abierto ahora, pero la práctica de *Men Chhos Reiki* ya tiene cinco años de antigüedad, y quienes tuvieron acceso a ella admiten que es ciento por ciento efectiva.

Ya hemos explicado que Richard Blackwell heredó los materiales de su padre, un general estadounidense que se aproximó al culto Shingon después de la Segunda Guerra Mundial, mientras integraba las fuerzas de ocupación en el Japón derrotado. Compró el cofre (1946) en un monasterio semidestruido que se estaba desprendiendo de reliquias para obtener fondos que posibilitaran su reconstrucción. No estaba en condiciones de leer el contenido, pero le atrajo la evidente antigüedad de parte de los materiales. Sólo muchos años después, su hijo, que ostenta un doctorado en psicología clínica, hizo traducir parte del material y se encontró con un tesoro que no esperaba. Desde ese momento, lleva adelante una iniciativa apuntada a ofrecerle al mundo "las enseñanzas reconstruidas del sabio Usui", a partir de sus diarios personales, cartas dirigidas a sus alumnos, la correspondencia con su amigo Kioshi Itami Watanabe y, como trofeo máximo, la famosa copia del *Tantra del Relámpago* (cumbre de las enseñanzas budistas Shingon del legendario monje Kukai), factor crucial del esclarecimiento conceptual de Usui.

El Lama Yeshe fue en principio un devoto Shingon y después obtuvo su denominación actual en la Orden Drugpa Kargyu de Bután. Dirige en los Estados Unidos la organización Men Chhos Reiki International, que es su base operativa para la enseñanza. El maestro Ellyard representa esa entidad en Australia, donde dirige el Australian Institute for Reiki Training.

Durante una entrevista publicada en julio de 2002 por la revista *Reiki Magazin International*, Ellyard explicó que su motivación para escribir *The Tao of Reiki* surgió del anhelo de compartir su perspectiva Reiki desde un ángulo occidental, y contribuir así a su confluencia con el estilo oriental que enseñaba el sabio fundador. Y cita un fragmento del diario de Usui: «*Soy un río, fluyo del pasado al futuro, a través de muchas curvas, pero sigo siendo el mismo río, en el pasado, el presente y el futuro, pues el tiempo mismo es una ilusión y mediante un simple batir de palmas puede ser reintegrado al vacío, a la experiencia única, a la realidad sin tiempo que es la mente de Buda*».

Ellyard no se propone crear antagonismos con las vertientes occidentales de Reiki, pues la segunda parte de su libro consiste en un manual o guía práctica del método Reiki que practica mucha gente, derivado del linaje de la señora Takata. Cubre todas las etapas del entrenamiento Takata, incluyendo los símbolos Reiki y la sanación a distancia.

A su vez, publicado en la India, el libro del Lama Yeshe fue promovido como la exploración más profunda que se haya realizado sobre el Método Usui de Sanación Natural: «*El aspecto más fascinante y revolucionario de este volumen es que el hasta aquí evasivo fundador de Reiki es citado textualmente desde sus propios diarios. Muchas cuestiones relevantes para la práctica Reiki son clarificadas fuera de toda sombra de duda con sus propias palabras. Esto cambiará para siempre el modo en que Reiki es percibido. Para los millones de personas que lo practican, será una importante fuente de inspiración, y contribuirá a motivar esfuerzos más dedicados a hacer que nuestro mundo sea un lugar mejor*».

La obra del Lama Yeshe se divide en cuatro partes. La primera se titula *Historia y Antecedentes de la Sanación Budista*, la segunda, *Palabras de un Bondadoso y Gentil Bodisatva Terapeuta* (Usui), la tercera, *Contribución del doctor Watanabé*, y la cuarta contiene cuatro apéndices documentales.

La maestra Paula Horan, que ya lleva doce años de práctica como tal, y a quien se le debe la difusión de Reiki en la India, leyó atentamente este trabajo y comentó que más que cualquier otro libro conecta a los lectores con las raíces históricas de Reiki. Destaca que su autor sitúa la enseñanza en el contexto de una muy antigua transmisión de sabiduría que se remonta a los tiempos de Buda. Esto tal vez no apasione demasiado a muchos reikistas occidentales que en verdad no han recibido formación budista alguna. Pero en círculos ligados a dicho pensamiento, el *Men Chhos Reiki* se presenta como un continente a descubrir después de haber pensado que todo ya había sido descubierto.

Horizontes abiertos

Entrevistada por la revista hindú *Mahesh Ramchandani* de Mumbai, la maestra Horan declaró que *«tanto el budismo Tendai como el Shingon fueron fundados en el Japón del siglo VII. Y fueron llevados a ese país por los monjes Seicho y Kukai, que fueron formados en China por dos diferentes sabios budistas hindúes. Es el Lama Yeshe quien supone que Usui fue una reencarnación de Kukai. Pero ahora sucede que todo indica que habíamos llegado hasta un punto que supuestamente era la estación terminal, y no es así. Lo que conocemos como Reiki III, el grado de Maestría, sería apenas el primer grado de una enseñanza tántrica de siete niveles. El doctor Blackwell me ha dicho que Usui, antes de efectuar sanaciones, empapaba sus manos con agua potenciada por la energía del Tantra del Relámpago. Y el Lama Yeshe está enseñando a sus alumnos a hacer lo mismo».*

Usui sostenía que Reiki sana de modo indirecto calmando la mente y elevando el nivel de la energía vital universal en el cuerpo. Si efectivamente el *Tantra* de Kukai abre el rumbo hacia seis etapas nuevas de la práctica Reiki, es imaginable toda una nueva historia (futura) para esta práctica sanadora. En tal caso, todos los Maestros de Reiki tendrían que volver a ser alumnos. Sólo queda esperar la evolución de estos sucesos que nadie preveía.

El diálogo periodístico con la maestra Horan derivó hacia otra forma de terapia que no había trascendido hasta hoy en círculos sanadores: *«Yo me curé tres tumores con la terapia Gerson. El profesor Max*

Gerson curó a miles de personas de tuberculosis durante los años treinta, recurriendo a una dieta de alimentos crudos. Las enzimas vivas de la comida cruda realzan el sistema inmunológico. De modo que se trata de una poderosa cura para el cáncer. Durante la mayor parte de su evolución, los seres humanos comieron entre un 75 y 90% de alimentos crudos. Solamente durante los últimos 200 o 300 años hemos estado ingiriendo carradas de comida cocinada. Una dieta vegetariana no es del todo saludable a menos que se trate de alimentos crudos. La gente que mayor longevidad alcanza en nuestro planeta, los hunzas del Himalaya, los mayas, los búlgaros, comen 75% de comida cruda y 25% de comida cocinada. Cuando están enfermos, los animales comen instintivamente hierbas. Los humanos pueden recuperar este instinto mediante el ayuno. Pero no seamos tan optimistas en referencia a las formas alternativas de sanación y de alimentación. Mucha información positiva es suprimida por las grandes cadenas periodísticas. Los dos mayores negocios globales de la actualidad son el petróleo y los productos farmacéuticos, que también controlan los medios de comunicación social. En Europa y en los Estados Unidos hemos perdido nuestra libertad de elegir lo que metemos en nuestros cuerpos. Esto se nota en la India, donde los laboratorios están tratando de patentar los principios de tres vegetales milagrosos: el árbol neem, la planta aromática turmeric y el arroz basmati. También otras fórmulas de la medicina Ayurveda. Esto es algo muy peligroso ante lo cual los hindúes deberán despertar».

Es probable que de confirmarse la autenticidad de los materiales en poder del Lama Yeshe se produzcan grandes novedades en la enseñanza y la práctica de Reiki en todo el mundo. Entretanto, aun admitiendo que el doctor Hayashi y la señora Takata modificaron parte de las enseñanzas del maestro Usui, nadie ha negado jamás que se trate de una práctica ineficaz. Todo lo contrario: decenas de miles de beneficiados en todo el globo pueden atestiguarlo. El impacto de los nuevos materiales, en todo caso, le daría a la práctica Reiki un equilibrio histórico definitivo. Resulta previsible que una novedad tan radical produzca incertidumbres, pero lo cierto es que la nueva información puede expandir todo lo que se ha logrado hasta ahora. Fortalecería la autenticidad y la calidad de todos los maestros existentes y los que se formarán en el futuro.

Por un lado, colocaría en una secuencia histórica real todos los hallazgos de Usui y como resultado contribuiría a amalgamar todas las múltiples variaciones que ha alcanzado el Reiki actual. Al respecto, comenta el maestro Ellyard: *«Hoy, en el mundo, hay innumerables maestros que profesan sin cavilación la enseñanza del método Usui. Si bien muchos de estos programas y linajes son excelentes, es pertinente que todos los cultores sinceros de Reiki conozcan la verdad histórica sobre su labor, las diferencias de la tradición y dónde y cuándo esa tradición sufrió modificaciones. Si eso no sucede, el Reiki seguirá practicándose de modo fragmentario, y la modalidad quedará sujeta a realidades parciales. Las cartas están echadas, y adónde llevarán, nadie lo sabe. Pero algo es cierto: esto fortalecerá las raíces Reiki, lo cual también beneficiará a todos los que honestamente tienen el deseo de aprender la verdad sobre este modo tradicional de sanación».*

Cuando un budista llega al corazón, al significado máximo del acto de sanar –que es remover la causante del sufrimiento en otras personas–, descubre que está inequívocamente inmerso en las enseñanzas del budismo Mahayana y de los principios de sus *bodisatvas*. Y se siente tentado a citar al gran poeta Shantideva:

«Que yo sea el doctor y la medicina, y que pueda ser la enfermera, para todos los enfermos del mundo, hasta que cada uno sea sanado».

Quien toma los votos de *bodisatva* en el budismo Mahayana, jura ser todos esos para toda la gente. Jura renacer en una gran variedad de formas para auxiliar a otros en el camino de la liberación. Jura hacerlo para sacarlos del sufrimiento y extender hacia ellos sus bendiciones y sus méritos:

«Mientras el espacio perdure, y mientras haya seres vivientes, que hasta entonces yo persista, para disolver la miseria del mundo».

El sanador budista persiste en esta práctica recordando que dedicará todas sus acciones de buen mérito a la liberación de los enfermos, y de todos los seres sensibles. Practica meditaciones sobre la Bondad Viviente y la Impermanencia. Ejercita la disciplina tibetana del Dar y Recibir (*Töng-len*). Pronuncia oraciones y hace súplicas ante los Seres Despiertos.

Para quienes deseen estudiar la tradición budista de sanación hay innumerables recursos. Por ejemplo, como resultado del patrocinio de Su Santidad el Dalai Lama, el Colegio Tibetano de Astrología y Medicina fue reconstruido cerca de la sede del gobierno tibetano en el exilio, en Dharmasala, India. Sin embargo, no es preciso graduarse como doctor en Medicina, tibetano o lo que fuere, para insertarse en la gran tradición sanadora establecida por Buda. Sencillamente resulta preciso entender la naturaleza del sufrimiento, y querer ser genuinamente un agente de su remoción. El budista ora para que todos los médicos, terapeutas y sanadores de todas las modalidades reciban las enseñanzas adecuadas y las pongan en práctica. Y recitan:

«Que cualquier mérito positivo ganado por algún acto virtuoso que yo haga sea ofrendado para remover el sufrimiento de los seres sensibles. Que yo asuma su sufrimiento con un corazón puro y abierto, para verlos purificados. Y quienquiera lea esto encuentre la fortuna de Despertar por completo».

CAPÍTULO 7

La salud como artesanía

«El amor es lo único que tiene consistencia en la vida: todo lo demás es ilusión. Amor es que hayas comprendido que no estás separado de la existencia, que hayas sentido una unidad orgánica y orgásmica con todo lo que es. El amor es un estado del ser, el deseo profundo de bendecir a la existencia en su totalidad. El amor te armoniza, y cuando estás en armonía, la existencia en su conjunto está en armonía contigo. El amor crea un orden, no una disciplina impuesta desde el exterior. El mundo en su conjunto descansa sobre el amor, y sin él se podría derrumbar en cualquier momento. El mundo no crece ni se desarrolla sino a través del amor, y a través de él aspira al infinito".

—**Osho**
This Very Body the Buddha

Todos los seres humanos (cada uno de nosotros) son un fenómeno de intensidad vital, de luz insondable. A lo largo de nuestra trayectoria de vida, vamos configurando una percepción personal de esa voluntad de existir, de crecer, de evolucionar. Pero al mismo tiempo, el proceso de individualización y de cristalización del ego que va produciéndose durante nuestra vida "en sociedad", opaca (o diluye) paulatinamente la conciencia que tenemos de nuestra propia naturaleza. La maestra reikista francesa Strübin dice al respecto:

«*Por un lado, te reconoces como cuerpo físico y psíquico; por el otro, te olvidas de ti mismo como energía-luz de amor y de conciencia. Por un lado, te crees dueño y señor; y por otro rechazas ser esa diminuta gota de vida que flota en el corazón de la existencia. Poco a poco has ido perdiendo la alegría de vivir, empiezas a buscar desesperadamente un sentido a tu vida y, al final, te sientes enfermo*».

Mucha gente llega a Reiki sumergida en semejante estado de ansiedad y conmoción. Busca una especie de *oxígeno vital*, que se encuentra implícito en el amor universal, en el sentido de la Creación. El método Usui contiene la posibilidad de reavivar el recuerdo de la fuente de la vida y de recuperar la conexión consciente con la propia genuina naturaleza, ya sea mediante la iniciación al primer grado o recibiendo un tratamiento de Reiki.

No obstante, ningún "despertar" se alcanza de modo teórico, racional o virtual, recurriendo solamente a la voluntad de la razón. Todo lo contrario: sólo es posible en un espacio real donde el intelecto deja libre un espacio al lenguaje del corazón y del sentimiento. Mucha gente que asiste a las charlas introductorias que ofrecen las escuelas de Reiki advierte que se la está invitando a establecer un nexo directo y personal con la dimensión de las fuentes de la vida, y a experimentarla por sí misma, de tal manera que siga siendo libre y responsable de su evolución en este plano de la existencia, evitando todo sectarismo o dependencia respecto al grupo. Añade Strübin: «*Reiki es amor, amor verdadero, el que protege y da valentía para vivir*».

Un diccionario define al **amor** como: 1. Afecto por el cual el ánimo busca el bien verdadero o imaginado y apetece gozarlo. – 2. Pasión que atrae un sexo hacia el otro. – 3. Blandura, suavidad. – 4. Esmero con que se trabaja una obra deleitándose en ella. – 5. Objeto de cariño especial hacia alguien. Otro diccionario similar expresa: 1. Intenso afecto afectivo hacia otra persona. – 2. Intenso deseo sexual por otra persona. – 3. Potente apego o entusiasmo por algo. – 4. Devoción o adoración del hombre hacia Dios. – 5. Benevolencia, bondad o fraternidad que el hombre siente legítimamente hacia los demás.

Advirtamos en estas escuetas definiciones la vastedad de implicancias que oscilan desde lo más íntimo a lo más social y cósmico, siempre embebidas con alguna intención altruista. Y veamos un tercer volumen: 1. Sentimiento que predispone a alguien a desear el bien de otro, o de alguna cosa. – 2. Sentimiento de dedicación absoluta de un ser a otro ser o a una cosa; devoción, culto, adoración. – 3. Inclinación dictada por lazos de familia. – 4. Inclinación fuerte por persona de otro sexo, generalmente de carácter sexual, pero que presenta una gran variedad de comportamientos y reacciones. – 5. Inclinación o apego profundo a algún valor o alguna cosa que proporcione placer.

La maestra Strübin, durante sus clases, resalta siempre que cuando nos abrimos al amor, alcanzamos un estado en el que experimentamos una explosión de júbilo, vivimos una enorme celebración, alcanzamos un estado del ser y un nivel de conciencia en los que el corazón está, sencillamente, sumido en una inmensa gratitud hacia la existencia: gratitud por haber recibido el don de la vida. Podríamos agregar: el amor es un recurso de salud, que se construye artesanalmente.

El amor es inequívocamente una tendencia de afirmación, de confluencia, de celebración de lo más excelso que tiene nuestra especie: la capacidad de elevación y de evolución. Sus variedades son infinitas: filial, maternal, conyugal, espiritual, erótico, platónico, ecológico, artístico, intelectual, etc. Decía el poeta norteamericano Allen Ginsberg: *«No hay reposo sin amor, no se duerme sin sueños de amor... no puede ser amargo, no puede negarse, no puede impedirse si se lo niega».*

¿Qué nexo existe entre esto y la energía vital universal? Pues salta a la vista: cuando no logramos un estado de resonancia con el mundo que nos rodea, no podemos relacionarnos con él y con todo lo que contiene. Nos resulta imposible expandirnos, responder o recibir. Y en consecuencia, van presentándose en nuestra vida cotidiana desórdenes, disfunciones, malestares y, finalmente, enfermedades. No es posible vivir la vida parcialmente, es una experiencia de todo o nada. Y en este sentido, resulta claro el concepto japonés de armonía, o *Wa*, que al distorsionarse abre las puertas a todo tipo de disonancias entre las personas y de patologías en el propio ser. En general, Reiki es por cierto una herramienta valiosa para sanar daños causados en tales situaciones de perturbación. Pero, más todavía, debería entenderse como un recurso para no perder de vista la necesidad imperiosa de mantener un contacto fluido con la humanidad, con el entorno natural y con el cosmos.

Cooperación armoniosa

El dolor y las enfermedades aparecen para forzarnos a prestar atención a algo que hemos pasado por alto, es decir, una serie de conductas que nos han separado del fluir natural del universo. Cosa que en la cultura occidental resulta cada vez más difícil, porque el materialismo extremo nos divorcia de la armonía energética que rige todos los procesos vitales.

Creemos, erróneamente, que el **amor supremo** es un privilegio de quienes han amasado fortunas cuantiosas o de los astros y estrellas del espectáculo virtual. Y al mismo tiempo que privilegiamos lo material frente a lo espiritual, durante los últimos cuatro siglos nuestra civilización, alucinada por las conquistas de las revoluciones científica, industrial y cibernética, viene valorando más la mente (**psique**) que el cuerpo (**soma**), más el pensamiento que el sentimiento, más el raciocinio que las emociones, más la observación analítica que la intuición, el imperio de las metrópolis que la naturaleza, más la prepotencia del patriarcado que la flexibilidad del alma femenina.

El lugar del corazón

Quien se mantiene de puntillas no puede sostenerse.
Quien se sostiene a horcajadas no puede caminar.
Quien se exhibe a sí mismo no brilla.
Quien se justifica a sí mismo no obtiene honores.
Quien ensalza sus propias capacidades no tiene mérito.
Quien alaba sus propios logros no permanece.

En el Tao, estas cosas se llaman "alimento no deseado y tumores molestos", que son abominados por todos los seres. Por ello el hombre del Tao no pone en ellos su corazón.

Lao Tsé

Para crear el método Reiki, el sabio Mikao Usui se sumergió en el estudio de tradiciones orientales que no cierran las puertas de la intuición y responden a una epistemología (estudio de los significados) que suma a la mente como parte cooperativa de la experiencia humana y no como una herramienta de subyugación del prójimo y de la naturaleza.

La filosofía europea tendió siempre a buscar la realidad en la substancia de las cosas, en tanto la filosofía china los hizo siempre concentrándose en las relaciones, en los vínculos. La primera (de raigambre imperial), barrió y aniquiló las culturas indígenas que halló en su camino durante sus campañas de conquista y coloniaje. La segunda asumió una visión del mundo donde imperaba la cooperación armoniosa de todos los seres, no en función de las órdenes de una autoridad superior externa, sino considerándose parte de una jerarquía de conjuntos ligados a una pauta cósmica (suprema), y obedeció a los dictados internos de su naturaleza.

Algo análogo existía en las culturas nativas de las Américas, que a su manera sintonizaban la misma frecuencia de los pueblos antiguos orientales. El individuo inmerso en la realidad infinita no considera que su "yo" sea una psique separada de los procesos recíprocos o relaciones que permiten el conocimiento trascendente. Se llame o no Dios. Ni el individuo, ni la tribu, ni el mundo más-que-humano estaban separados de la naturaleza viviente. Para el indígena de Australia, de la Amazonia, de Norteamérica o de Indonesia (así como san Francisco de Asís se refiere al Hermano Sol y a la Hermana Luna), las plantas, los ríos, los peces, los pájaros, los insectos, los árboles y las otras tribus, son "parientes" y se anda por la selva o el bosque "dejando la menor huella posible de los propios pasos". Y los chamanes, aunque usen otras denominaciones, son netos vehículos de la energía vital universal.

Los nativos sienten que sus voces son diferentes, pero no resultan ajenas a las voces de los vientos, los arroyos, los lobos o los cuervos. En el conglomerado de lo viviente entrelazado, cada criatura habla un idioma propio, así como la Tierra posee el suyo, y todo responde a una vivencia espiritual mancomunada. Por algo algunos caciques indígenas de América del Norte se llamaron Toro Sentado (*Sitting Bull*), Alce Negro (*Black Elk*), Oso del Sol (*Sun Bear*) o Caballo Loco (*Crazy Horse*). Y tanto los utensilios que fabricaban, como las cacerías, los tambores, las danzas, los sueños, las meditaciones, las sanaciones, las plegarias, las visiones, las ceremonias y la narración de historias ocurrían en comunión absoluta con la Madre Tierra. Algo que para el "hombre civilizado" de hoy, saturado de fármacos estimulantes o sedantes, hundido en ciudades tóxicas, suena como un rito pagano o exótico.

El cacique Trueno Rodante (*Rolling Thunder*) decía: «*Entender no es conocer el tipo de hechos de los que hablan vuestros libros y maestros. Les digo que el entender comienza con el amor y el respeto. Todas las cosas –y quiero significar que todas las cosas tienen voluntad propia, estilo propio y propósito propio– deben ser respetadas. Ese respeto no es apenas un sentimiento o una actitud. Es una manera de vivir. Ese respeto significa que jamás dejaremos de darnos cuenta ni dejaremos de cumplir nuestras obligaciones hacia los seres vivos y hacia nuestro medio ambiente*».

La energía que solemos llamar *ki* como los japoneses, *ch'i* como los chinos, *mana* como los polinesios o *prana* como los hindúes, en Norteamérica era llamada *wakanda* por los indios sioux y *orenda* por los indios iroqueses. Y todo lo que emprendían, igual que los *mandalas* asiáticos que nos resultan tan atractivos, también se concebía y realizaba en círculos. Igual que las rondas mágicas y las danzas sagradas. Era así porque para ellos el "Poder del Mundo" actuaba circularmente, y todo tiende a ser redondo. Veían el cielo redondo, adivinaban que la Tierra era redonda como una bola, y lo mismo sucedía con las estrellas. Alce Negro señalaba que el viento giraba con gran poder. Que los pájaros hacen sus nidos volando en círculos, *«porque tienen la misma religión que nosotros. El sol llega y parte circularmente. La luna hace lo mismo. Hasta las estaciones forman un círculo en sus rotaciones y siempre regresan al punto donde estuvieron».*

Puede apreciarse, entonces, que tanto el *ki* como la *orenda* son energías comunales. El profesor Dirk Dunbar, estudioso del equilibrio de las polaridades de la Naturaleza, destaca que la comunión con la naturaleza contribuye a aliviar el estrés, provee una fuente de sanación mental y física, y brinda una percepción de la sacralidad de todos los seres. Pero el conocimiento intelectual de estos procesos no basta para recuperar la integridad y la salud, tanto como individuos y como miembros de la biosfera. Para recuperar la integridad es preciso meditar, hacer ejercicio, nutrirse y respirar adecuadamente, y comulgar con la naturaleza en base a su diversidad de formas, así como se cumplen los preceptos de Mikao Usui o se realizan plegarias con la familia o grupos de amigos. Neto *amor supremo*, como puede entenderse fácilmente, ya sea con otro ser humano, una obra de arte, o con Dios.

Sendero espiritual

En general, cualquier enfermedad es la expresión de un desequilibrio interno provocado por falta de comunicación entre uno mismo o sus partes, y el *Todo*, considerando a este Todo como un organismo cósmico o humano, y a la Parte como uno de los elementos constituyentes de este organismo. Los tratamientos de Reiki, y probablemente el trata-miento mental en su forma más específica que se aprende en Reiki II, contribuyen a restaurar la comunicación entre las distintas partes del ser, de modo que las voluntades y los motivos ocultos puedan aflorar a la superficie de la conciencia. Y al respecto, es muy explícita la maes-tra Strübin: «*Cuando te abres al amor, alcanzas un estado en el que experimentas una explosión de alegría, vives una gran celebración, llegar a un estado del ser y a un nivel de conciencia en los que el co-razón está, simplemente, sumido en una inmensa gratitud hacia la existencia, gratitud por haber recibido el don de la vida*».

Tanto los ecologistas espirituales que llaman Gaia a la Tierra como quienes son asiduos cultores de prácticas somáticas y meditativas, confluyen en el intento de conectarnos con las sagradas dimensiones de nuestros cuerpos, mentes y espíritus, así como con la divina natu-raleza de la Tierra y del Cosmos, todo ello envuelto y atravesado por la energía vital universal.

Por eso los físicos modernos (cuánticos) están reaproximando la ciencia a la religión, tras un divorcio de siglos. La nueva física sostie-ne que la naturaleza subatómica opera en términos de redes o pautas que trascienden las nociones de entidades y dualidades aisladas: ma-teria y energía, onda y partícula, espacio y tiempo, son inseparables. Nuestra dificultad reside en que la conciencia humana no se sintonizó todavía en una visión de la naturaleza de tipo vinculante e integrado. Debemos advertir que la conciencia no es el alma aislada ni las meras funciones de un sistema nervioso singular, sino una totalidad de estre-llas y galaxias intangibles e interrelacionadas que hace posible la exis-tencia de un sistema nervioso.

Por eso, el maestro Albert Einstein decía: «*Un ser humano es una parte del Todo, que denominamos **universo**, una parte limitada en el tiempo y el espacio. Pero se experimenta a sí mismo, sus pensa-mientos y sentimientos, como algo separado del resto: una especie de ilusión óptica de su conciencia. Para nosotros, esta ilusión es una especie de prisión, que nos restringe a nuestros deseos persona-*

les y al afecto por algunas personas cercanas. Nuestra tarea debe consistir en liberarnos de esta prisión, ampliando nuestro círculo de compasión para abrazar a todas las criaturas y a toda la naturaleza en su belleza».

Reiki es una sabiduría, pero también una actitud. La primera se explicita en la enseñanza, la segunda está implícita en la cultura japonesa que le dio origen, que responde a una idiosincrasia, a una configuración conceptual. Pero Mikao Usui no aspiraba a que todo el mundo se convirtiera en japonés, sino que al colocar como punto de referencia central sus cinco pautas de conducta en el contexto de una plegaria, una práctica meditativa o, sencillamente, un momento de introspección, invita a afinar la propia percepción, para comprender aquellas cosas de nuestra vida que no están muy claras.

Toda senda espiritual (el método Usui es una entre muchas) constituye una especie de péndulo entre la integridad y la dispersión. La práctica Reiki genera indicios espirituales que pueden ser explorados, descubiertos y desarrollados. La *sintonización* ayuda al estudiante a recordar que somos energía Reiki. Mucha gente lo ha olvidado, o nunca tuvo la oportunidad de ser puesta en conocimiento de ello. No tiene importancia si elegimos uno solo de los accesos que proponía el maestro Usui: el popular (laico) o el esotérico (budista). En ambos casos, la meta es la Luz Magnífica. Que brilla al mismo tiempo como una forma de vida, una concepción del mundo y un sendero evolutivo.

Para completar esta primera parte, antes de ingresar a las prácticas, evoquemos una anécdota del profesor Einstein. Había visto en sucesivos noticieros cinematográficos los acontecimientos socio-políticos que se producían en la India. Y había notado que el Mahatma Gandhi saludaba a la gente en las calles con sus manos juntas, como en posición de plegaria, y con una inclinación del cuerpo. Se preguntaba qué estaría diciendo el sabio hindú (ya que esas filmaciones no tenían sonido en aquellos tiempos). Le escribió una carta para preguntárselo. La respuesta fue: «Namasté». Volvió a escribirle requiriéndole el significado de esa palabra hindú. La nueva respuesta del líder espiritual fue: «Honro el lugar en ti donde el mundo entero reside. Honro en ti el lugar de la luz, el amor, la verdad, la paz y la sabiduría. Honro el lugar en ti donde, cuando estás en ese lugar, y yo estoy en ese lugar, ambos somos uno».

Namasté

La perfecta armonía

Quien está anclado en la virtud es como un recién nacido.
Las avispas y las serpientes venenosas no le pican, ni le atacan los animales feroces, ni las aves rapaces se abalanzan sobre él.
Sus huesos son tiernos, blandos sus tendones, pero se agarra firmemente.
No ha conocido la unión del macho y la hembra, pero crece en toda su plenitud y conserva toda su vitalidad con perfecta integridad.
Grita y llora todo el día sin enronquecer, porque encarna la perfecta armonía.

Conocer la armonía es conocer lo Inmutable.
Conocer lo Inmutable es tener visión interna.
Precipitar el crecimiento de la vida es nefasto.
Controlar la respiración a voluntad es violentarla.
Crecer de más es envejecer.

Todo esto es contrario al Tao, y lo que es contrario al Tao pronto deja de existir.

Lao Tsé

Práctica

霊
気

Entre la Sanación
y la Curación

~ 1 ~

Somos lo que comemos, y somos Naturaleza, pues nuestro ser es construido sin cesar por el agua que bebemos, los alimentos que ingerimos, el aire que respiramos, el accionar de la luz solar sin la cual nada se sostiene en el mundo, y el amor que damos y recibimos en nuestro quehacer cotidiano. La *salud* es un proceso de *armonía dinámica*, de interacción afectiva de los elementos, no apenas materiales sino energéticamente espirituales. La práctica Reiki, como fuente de nutrición universal, también juega un papel central en esta latitud de la existencia. Pero antes de detallar sus características, reveamos algunas cuestiones básicas.

Hipócrates, sanador magistral, fue uno de los sabios de la Antigüedad. Nació en el 460 a. C. en la isla de Cos y falleció en el mismo lugar en el 377 a. C. Fue el 18.° descendiente del dios de la Medicina, Escalapus, por el lado de su padre, y el 20.° descendiente de Heracles por parte de su madre. Vivió durante el período más glorioso de la historia griega, cuando fructificaron los más reveladores conocimientos de la existencia humana. Su misión histórica consistió en sentar las bases de la medicina científica. Para los antiguos, igual que para Mikao Usui, **restaurar** (sanar) significaba restituir a la totalidad; mientras nosotros seguimos obsesionados por los detalles aislados y queremos ser **holísticos** (íntegros) a través de estrategias fragmentadas.

El secreto de la evolución vital reside en comprender que no nos ocupamos de una armonía estática, sino de una armonía dinámica. Lo rígido es sinónimo de muerte. Cuando reconocemos la armonía dinámica, advertimos que todas las cosas están fluyendo, se hallan en estado constante de transformación, en proceso de devenir. Decía Platón: «*Desde los manantiales del silencio emana toda comprensión. Todas las grandes verdades fueron concebidas y recuperadas en silencio*».

Entre los preceptos propugnados por Hipócrates estaban: 1) la naturaleza es la cura de la enfermedad; y 2) deja tus drogas en el pote del químico si no puedes sanar al paciente con alimentos.

Habitualmente, se interpreta la **salud** como ausencia de enfermedad y mientras no padece anomalías verificables la mayoría de la gente afirma: estoy sano. Otro estilo típico consiste en ingerir alimentos y bebidas potencialmente perjudiciales y, al no advertirse impactos dañinos se dice: *Tengo una salud de roble.* Y cuando aparecen las averías, casi siempre resulta difícil volver al estado inicial de rozagante impunidad.

Al mismo tiempo, por una natural marcha de todo lo viviente, todos nacemos, nos desarrollamos y nos vamos de este mundo cumpliendo una de las inconmovibles leyes de la existencia. Con el paso de los años, los signos de dicho proceso se van haciendo evidentes: canas, arrugas, crujidos en las articulaciones, molestias musculares. Pero así como no hay modo de impedir el envejecimiento natural, hay maneras de dilatar los procesos implícitos en el paso del tiempo.

Los recursos para ello no son mágicos sino que dependen de una disciplina individual centrada en la alimentación integral, la reactivación corporal mediante ejercicios físicos y una oxigenación plena y, aunque a alguna gente le parezca superfluo, una incentivación de las vivencias espirituales (que el Reiki favorece de modo espontáneo).

Claro está, no todos se predisponen a tal dinámica. En cambio, si después de una insensata comilona los ataca un tremendo malestar, recurren a un fármaco estabilizador. O si consideran que no disponen de tiempo extra, tragan sin cesar complementos vitamínicos y vegetales como si por sí mismos estos productos fuesen panaceas milagrosas.

Es oportuno señalar que, por lo general, en los procesos, el deterioro progresivo del cuerpo humano proviene de una desordenada ingestión de alimentos que en sí mismos no son reprochables, pero que en la química estomacal manifiestan entre sí una socavante incompatibilidad, según sus componentes ácidos y alcalinos. Por ejemplo, los tubérculos como las papas o las batatas no se llevan nada bien con la mayoría de las legumbres (garbanzos, porotos, lentejas, habas, soja o arvejas), los cereales (avena, cebada, centeno, trigo arroz y maíz), la leche, el limón o las frutas dulces o ácidas desecadas. Hortalizas como la berenjena, la zanahoria, el pepino, la coliflor o el zapallo no poseen compatibilidad con la miel, la leche o el yogur. Y a su vez, la miel no tiene buenos vínculos con las verduras y los brotes, las oleaginosas (almendras, avellanas o nueces), el tomate o los huevos. En los últimos años, la medicina en base a oligoelementos ha advertido por añadidura sobre el potencial acidificador (envejecedor) de la sangre por parte de las papas, la leche de vaca, los tomates, las cebollas y los jugos de naranja. Claro está, todo ello requiere tomar en cuenta la naturaleza química de cada ser humano (referida a su grupo sanguíneo), asunto muy bien estudiado por la medicina Ayurveda de la India.

Quien anhele prolongar al máximo los dones de su juventud debería establecer consigo misma una serie estricta de compromisos alimentarios a largo plazo. Esto no es sinónimo de privaciones, sino de armonización. Los expertos en la materia destacan que la ingestión de alimentos hipernutritivos durante la juventud permiten prolongar la plenitud vital hasta edades muy avanzadas: ya sea física, mental o sexualmente.

Desorden y armonía

Uno de los más tenebrosos agujeros negros de esta historia se halla en los restaurantes de *comidas rápidas* donde no sólo resulta dudoso el contenido nutritivo de los "alimentos" allí ofrecidos, sino que al mismo tiempo el tipo de aceites y grasas por ellos acarreados tienen un serio impacto en los procesos fisiológicos de la mayoría de los jóvenes que los frecuentan. De ahí los matices de envejecimiento prematuro que muchos médicos clínicos advierten en la gente joven que los consulta, sin olvidar que recientes estudios efectuados en los Estados Unidos demostraron que como consecuencia de la ingestión sistemática de comidas basura hay cada día más niños y jóvenes con acumulación de colesterol en su sangre y con la consiguiente complicación funcional en sus arterias coronarias; propensión a una hiperactividad que requiere insumo de sedantes químicos para neutralizarla; y tendencia a la diabetes no insulínica.

Así como el fenómeno que llamamos *salud* es un proceso armónico, del mismo modo no se envejece de un día para otro. Nutricionistas de la Universidad estadounidense de Boston han demostrado que los problemas que aparecen en las personas "mayores" en cuanto al nexo entre la nutrición y el envejecimiento, desde los males cardíacos hasta la osteoporosis, comienzan a configurarse durante los años juveniles. No envejecemos de repente: el proceso es largo y progresivo.

Entonces, queda claro que el alimento es un "ladrillo" del edificiosalud. Los especialistas en nutrición no se cansan de advertir contra el consumo de cremas fermentadas y papas fritas en los restaurantes rápidos, donde las hamburguesas ensobradas entre dos rebanadas de pan blanco (sin fibras) inducen a la constipación, fenómeno crónico que cuando se sobrepasan los sesenta años se convierte en diverticulosis. Al mismo tiempo, los jugos y las gaseosas carbonatadas y con saturación de azúcar son el punto de partida de gran parte de la decadencia dental y la osteoporosis, por más que las etiquetas ostenten la leyenda "enriquecido con vitaminas".

A la inversa, los minerales contenidos en las verduras *orgánicas* (cultivadas con métodos naturales), los insumos ricos en calcio, las fibras de los granos integrales y lo zumos naturales de frutas, agilizan los procesos digestivos y dinamizan el movimiento del vientre, evitando la acumulación de toxinas cadavéricas. De paso, los antioxidantes de los vegetales y las frutas neutralizan los *radicales libres*, subproductos de la química del organismo que socavan la salud de las células, los tejidos y el ADN.

Nuestras mentes están demasiado fragmentadas como para permitirnos ver que la armonía terrena y la cosmológica son relevantes para el pensar correcto y la buena salud. La tragedia de la cultura consumista moderna y de la mente occidental desde el Renacimiento (a partir del siglo XIV en Europa), ha sido nuestra incapacidad de generar visiones del mundo que realcen la vida y nos fortalezcan en nuestras batallas cotidianas, incluyendo el cuidado de nuestra salud y de nuestra integridad mental espiritual. Las filosofías orientales jamás perdieron de vista estas labores supremas, y a eso se debe su fortaleza perdurable.

El tema básico es más sencillo de lo que algunos imaginan. Un estudio realizado por el Instituto Estadounidense del Cáncer (American Cancer Institute) sostiene que las mujeres que ingieren una dieta rica en frutas y vegetales frescos (no congelados), granos integrales y carnes magras, tienen un 30 por ciento menos de los males que generalmente afectan y diezman a las mujeres de edad avanzada en los Estados Unidos. El seguimiento se hizo durante seis años y si bien hay otra multitud de factores emocionales, laborales y de herencia familiar que deben ser tomados en cuenta a la hora de las conclusiones, desde tiempos muy antiguos se sostiene que somos lo que comemos y que nuestra infraestructura vital se resiente si no mantenemos bien equilibrados todos los procesos fisiológicos. En cada instante de nuestra existencia sobre la tierra.

Resulta oportuno evocar una proclama de la ecofilosofía[1], digna de aparecer en cualquier manual de Reiki: *«Regocíjate escuchando el silencio porque es el procreador de la iluminación. Regocíjate por tus poderes internos pues ellos son hacedores de la integridad y la santidad en ti. Regocíjate por tus vastas filosofías, ya que ellas son los cimientos de tu bienestar y un prerrequisito del pensar correcto, el procedimiento apropiado y la buena salud. Regocíjate por la alegría de la existencia pues ella es la fuente oculta de tu bienestar».*

---

1. Henryk Skolimowski, Eco-Yoga, *Kier*, 2000.

~ 2 ~

Los cardiólogos han verificado que las arterias coronarias pueden tener una oclusión del 70% sin que el paciente tenga el menor síntoma de advertencia sobre el eventual desencadenamiento de un ataque cardíaco: la ausencia de síntomas no significa para nada que esté "sano".

En general, cuando aparece un síntoma, se trata de algo que el cuerpo precisa expresar, y que suele ser suprimido mediante el suministro de un medicamento. Pero si se incorporan simultáneamente variados "remedios" al organismo para síntomas diferentes, puede aparecer otra serie de desequilibrios. Es preciso tener en cuenta que con frecuencia un síntoma no plantea la necesidad de realizar un ajuste *puntual* en el cuerpo. Puede ser apenas un mensaje de advertencia a la unidad cuerpo-mente, una llamada de alerta que nos dice: «te excediste de velocidad, sobrepasaste tus límites de adaptación».

En vez de concentrarnos en la idea del tratamiento de enfermedades, deberíamos comenzar a pensar en la creación constante de *bienestares*. Tendríamos que darnos cuenta de que la salud es mucho más que una pausa entre una enfermedad y otra, o la ausencia de síntomas.

La salud va de la mano del modo en que nos adaptamos al vértigo de cambios físicos y emocionales que ocurren en nosotros y en nuestro medio ambiente. Debemos preguntarnos si queremos producir bienestar (ser creativos) o tratar enfermedades (ser reactivos). El desafío consiste en descubrir el modo de generar plenitud y alegría en nuestros cuerpos en particular y en nuestras vidas en general. Abrazar la vida y potenciar los procesos naturales de sanación –el ideal de Reiki por excelencia– es priorizar la posibilidad de crear *salud* en vez de pensar sólo en combatir las enfermedades. Ello modificará totalmente nuestra visión del mundo: en vez de ser pasivos, nos volvemos proactivos.

Todo reikista sabe que la aplicación armonizadora de la vitalidad universal no reemplaza a una vasta serie de factores nutritivos de tipo físico, emocional, mental y espiritual (que denominaremos **feme**). Estos cuatro campos energéticos no pueden desatenderse si se aspira a disfrutar una existencia *sana*. Pero la vida "moderna" apartó al individuo de su marco natural y lo volvió adicto a las comidas procesadas (mayormente inertes), lo incrustó en un entorno artificial y lo apartó de la luz (solar) normal. El precio: malestares crónicos, dolores recurrentes, alergias, cansancio, tensiones agudas, angustia, melancolía, pérdida de inmunidad, etc.

Existe otra disfunción cada día más común que en consultorio se denomina *síndrome de fatiga crónica*, que no logra resolverse mediante el recetado de remedio y que responde a una dieta absolutamente incompatible con las exigencias de la vida actual. Así como un automóvil no funciona bien con nafta adulterada y ningún cambio de aceite, así el cuerpo humano depende de un buen alimento energético para funcionar plenamente.

Calidad y cantidad

Por cierto que la calidad y la cantidad del alimento diario juegan un papel crucial en este cuadro, pero no debe pasarse por alto el aporte energético que también brindan múltiples líquidos, aromas, colores, emociones, hierbas, pensamientos, vínculos afectivos, ejercicios físicos, nexos laborales satisfactorios, seguridad ambiental, comprensión del sentido de la vida, etc. Nuestro cuerpo nos habla todo el tiempo acerca de las violencias a las cuales lo sometemos. (No basta aplicarle Reiki para que ellas se disuelvan.) Muchas de ellas provienen de pésimos hábitos alimentarios. Bastante gente se vuelve adicta a píldoras para animarse, relajarse, digerir comidas basura o neutralizar calambres, sin advertir que están prestando atención apenas a los síntomas de sus malestares y no a la causa de ellos. Su índice de nutrición **feme** es paupérrimo.

Asimismo, existe una sustancia química que el cuerpo humano produce a partir de los alimentos físicos que recibe: se denomina ATP (adenosina trifosfato). Toda función corporal –la digestión, el circuito nervioso y cualquier labor intelectiva– depende de reacciones químicas reguladas por enzimas específicas. Sin la ATP, el cuerpo no podría almacenar la energía que requiere para desenvolverse normalmente, a partir de proteínas, carbohidratos y grasas incluidas en los alimentos.

Otro asunto corriente surge de desconocer que una de las formas de "adulterar" innumerables alimentos surge del simple hecho de hervirlos, proceso que convierte substancias de sencilla digestión en productos a menudo indigeribles. La acumulación en el cuerpo humano de esos agentes nocivos se denomina toxemia y a su intensidad y persistencia de deben males como ciertos tumores, la obesidad, afecciones coronarias, reumatismos, artritis y otras anomalías funcionales.

Los alimentos frescos más próximos al mundo vital, ricos en enzimas naturales, proporcionan muchos de los elementos que el organismo necesita para sus procesos constantes de reparación y mantenimiento sin acumulación de subproductos tóxicos.

Edwin S. Douglas, fundador del *American Living Foods Institute* (Instituto Norteamericano de Alimentos Vivientes) pondera la importancia del almidón en la dieta humana. Y especifica los matices cualitativos de las frutas (carbohidratos simples) y los vegetales de raíz y tubérculos (carbohidratos complejos), estos últimos riquísimos en almidones.

Expresa: «Las frutas no proporcionan energía sostenedora, son depuradoras corporales, no construyen el cuerpo. En épocas antiguas, las fuentes alimentarias principales eran los vegetales de raíz, tubérculos como las batatas y las papas, y tipos variados de nueces, con alto contenido de almidón (bellotas y castañas)».

Actualmente, la principal fuente de almidones está en los granos, que desde el punto de vista cultural son una adquisición reciente de la humanidad, a partir de la domesticación de la agricultura en el período Neolítico.

Los carbohidratos complejos, también llamados cápsulas de energía, son metabolizados mucho más lentamente que las frutas, lo cual al mismo tiempo demora la sensación de hambre. Adosar alimentos crudos de hojas verdes aporta una vasta serie de vitaminas y minerales esenciales, que no están presentes en otras comidas.

El doctor Herbert Shelton, autor del libro *Nutrición Superior*, señala que «la monodieta, el basarse en un único tipo de alimento, es una falacia. Sólo a partir de una dieta múltiple, basada primordialmente en hojas verdes, brotes, frutas (ingeridas de modo separado), nueces y vegetales, logramos la variedad nutritiva fundamental».

Cuando el cuerpo humano se purifica de las toxinas acumuladas, instintivamente gravita hacia los alimentos con almidón (granos integrales), vegetales verdes, así como una proporcionada cantidad de frutas, castañas o almendras, y brotes de semillas. En lo que se refiere a la ingesta energética, claro está, hay una gran diferencia entre comer y nutrirse, y la consulta con un profesional puede brindar la dieta que corresponde a la naturaleza de cada cual.

Nudos perturbadores

Reiki es un recurso maravilloso, pero no suple la nutrición **feme**. Volviendo a la metáfora del auto al comienzo, es casi como inflar sin parar neumáticos pinchados. La energía alimentaria, el ATP fundamental, y la nutrición apropiada hacen parte de una armonización física, emocional, mental y espiritual sin la cual es imposible elevar la calidad de la existencia.

Cabe resaltar que nuestros problemas de *salud* pueden agruparse en dos grandes áreas: una debida a carencias energéticas específicas y otra causada por bloqueos energéticos internos o "nudos" perturbadores. En ambos casos, Reiki induce a procesos sanadores tanto porque aporta energía universal (espiritual) al cuerpo desvitalizado y al mismo tiempo destraba las instancias rígidas donde se anidan los malestares, las indisposiciones y las disfunciones.

En el campo de la medicina, se llama *cura* al tratamiento médico exitoso, centrado en hacer desaparecer la "enfermedad" del campo físico del paciente. En la práctica Reiki, la sanación consiste en un proceso interno apuntado a reforzar la "integridad" de la persona sujeta al tratamiento. Cabe reiterar que la energía vital universal actúa sobre los órganos y los tejidos, pero también induce a dinámicas sanadoras de carácter emocional, mental y espiritual. Ello depende, claro está, de las disposiciones y de la madurez vivencial de la persona que recibe el tratamiento.

Entre la vasta gama de desórdenes emocionales posibles, se sitúan desde los traumas de la infancia hasta las angustias detonadas por un divorcio, el fallecimiento de un ser querido o la pérdida del empleo. A nivel mental, las perturbaciones más comunes surgen cuando el individuo se enfrenta ante la necesidad de reestructurar sus ideas (en general destructivas) sobre el estilo de vida que practica y los valores del mundo que lo rodea. En cuanto al plano espiritual, las personas giran en torno de los dilemas que plantea el creer o no en Dios, la necesidad de sentirse *conectado* con el Todo universal o simplemente disfrutar una paz interna y, de modo natural, el anhelo de recuperar una conexión más profunda con la Naturaleza de la cual nos han divorciado las rutinas modernas. En este último plano, deben considerarse también los impulsos espontáneos referidos al "salto evolutivo" que atraviesan hoy en día muchos individuos y que en el terreno de la psicología transpersonal se ha denominado *emergencia espiritual*, afloración de contenidos metafísicos antes no captados y que plantean nuevos rumbos para la vida humana en la Tierra. Nuestra evolución como *almas* también forma parte del concepto de "salud".

Los actos de sanarse y curarse, no constituyen lecturas divergentes, antagónicas, sino que son procesos profundamente entrelazados. La sanación es una parte esencial de toda curación. De allí que durante las últimas décadas se haya implantado el concepto *holístico* (integral) en la medicina, pues un médico, además de recetar una medicina, no puede dejar de tomar en cuenta la necesidad de que se activen los poderes "recuperativos" de su paciente. Y es allí donde Reiki entra en acción, protagónicamente.

Autoaplicaciones

y

tratamientos

Autoaplicación
1. Estimulación del centro intuitivo.
Se colocan ambas manos (las manos cóncavas hacia
el cuerpo) sobre el rostro y los ojos, dejando libre la nariz.

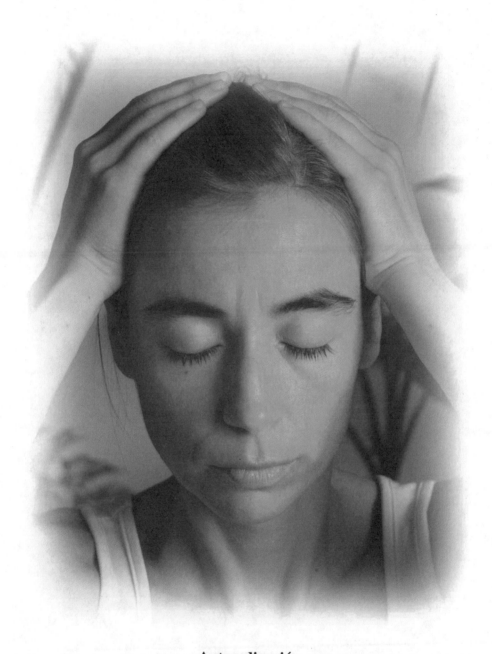

Autoaplicación
2. Armonización de los hemisferios cerebrales.
Las manos sobre el tope de la cabeza en forma
de arco (las puntas de los dedos se tocan levemente).

Autoaplicación
3. Acción sobre el sistema cerebro-espinal.
Las manos sobre la nuca, también con los dedos tocándose.

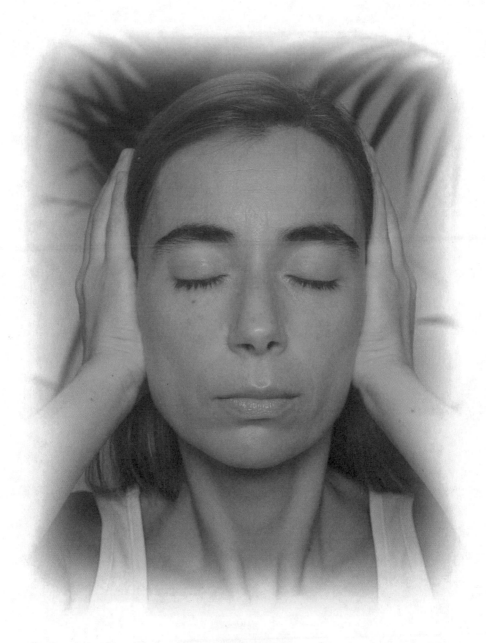

Autoaplicación
4. Activación de los puntos auriculares.
Las manos sobre las orejas, con los dedos orientados hacia lo alto.

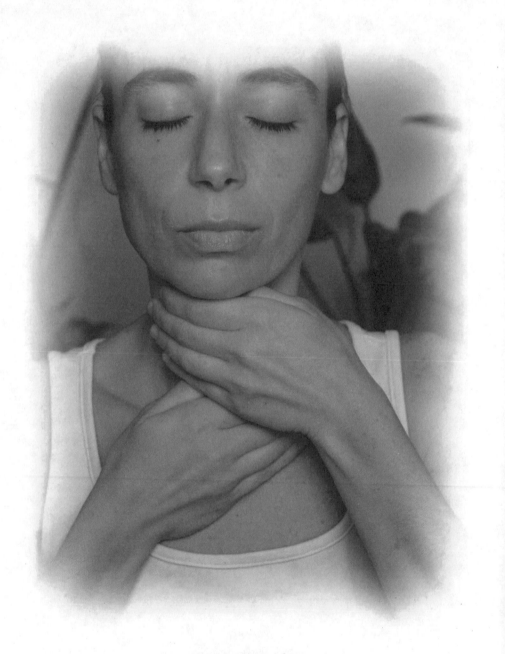

Autoaplicación
5. Dinamización de la intensidad vivencial.
Las manos sobre la garganta: una de
ellas cubre parte de los dedos de la otra.

Autoaplicación
6. Alivio de las tensiones dorsales.
Las manos sobre los hombros, con
la punta de los dedos hacia las clavículas.

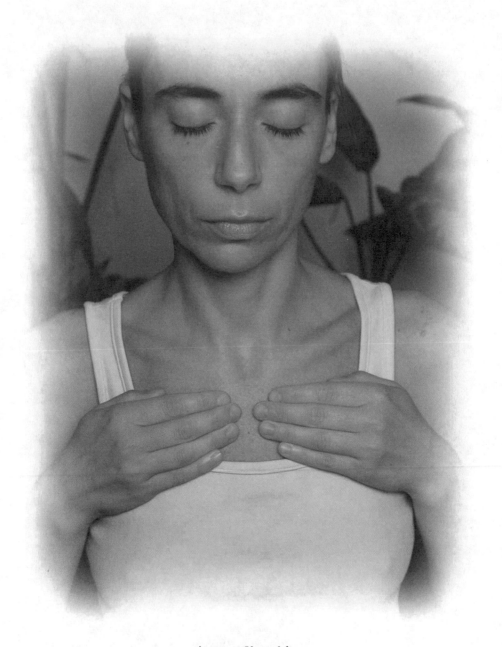

Autoaplicación
7. Fortalecimiento de la región del tórax.
Las manos sobre el tórax, sin que los dedos se toquen.

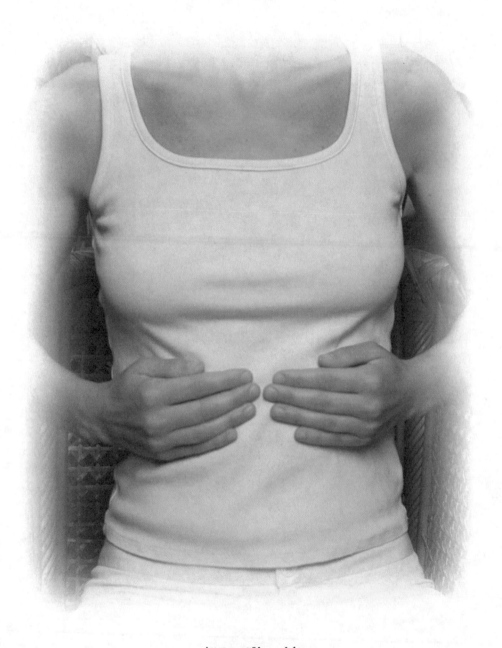

Autoaplicación
8. Distención de la zona diafragmática.
Las manos a ambos lados del vientre.

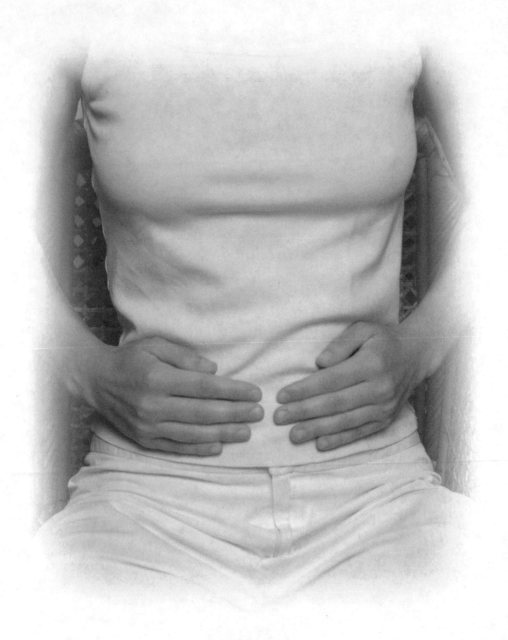

Autoaplicación
9. Equilibrio del área intestinal.
Las manos sobre la línea de la cintura, sin tocarse.

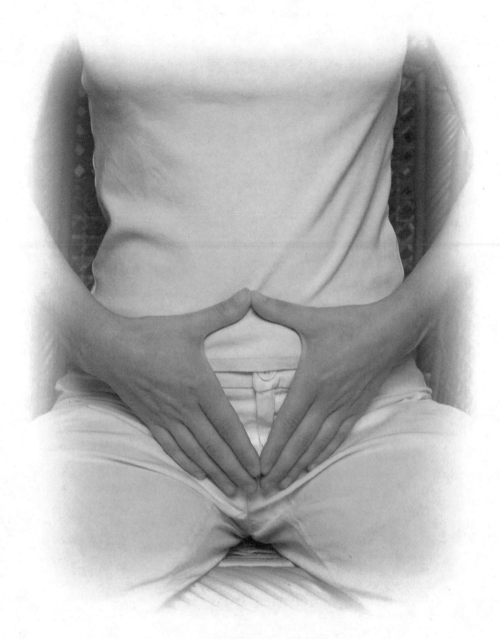

Autoaplicación
10. Estabilización del aparato urogenital.
Las manos sobre el pubis (se rozan las puntas de los dedos).

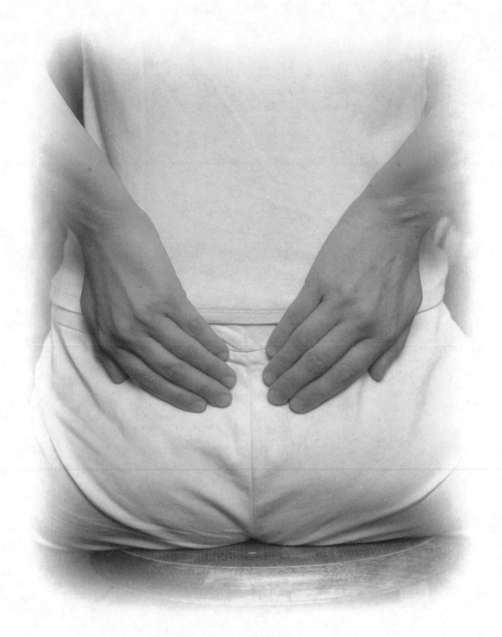

Autoaplicación
11/12. A diversas alturas, distención sacro-lumbar.
Las manos sobre el coxis
(base de la columna vertebral) en forma de "V".

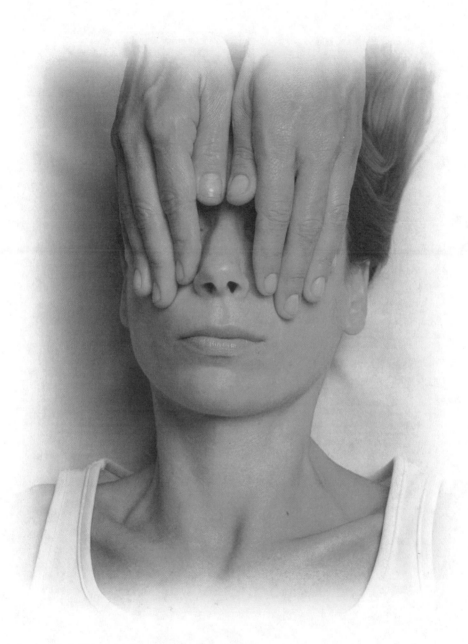

Tratamiento
1. Expansión sensorial y existencial.
Se colocan las manos sobre el rostro, con los pulgares en contacto, de modo que la concavidad quede sobre los ojos (que no deben ser tocados) y la nariz completamente libre. Actúa sobre las glándulas pineal y pituitaria, los senos frontales, el sistema ocular y los dientes.

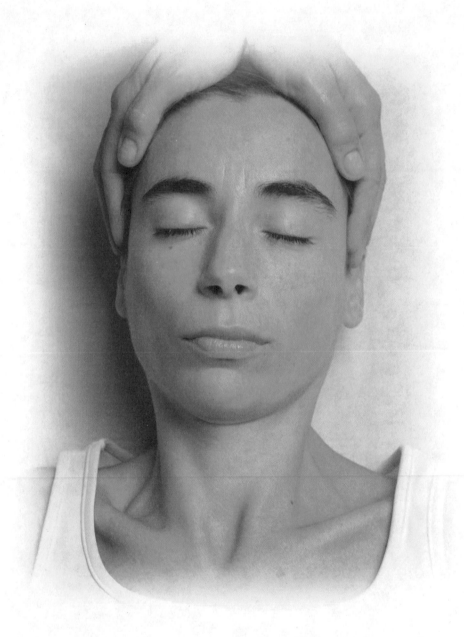

Tratamiento
2. Reducción del estrés y estímulo cerebral.
Las manos forman una especie de casco sobre el tope de la cabeza,
con una base en contacto y los dedos apuntando hacia las orejas.
Activa los recursos de concentración, reduce el estrés y libra del
agotamiento. Estimula la interacción de los hemisferios cerebrales.

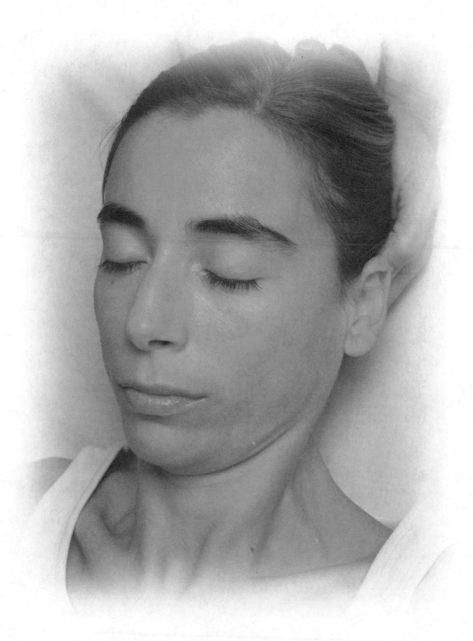

Tratamiento
3. Inducción a la serenidad y la lucidez.
La cabeza se apoya sobre ambas manos, que permanecen como
sosteniéndola, juntas. Incide en el funcionamiento de las glándulas
hipófisis y pituitaria, alivia las tensiones cervicales y otros trastornos
que crean tensiones a nivel circulatorio. Favorece la serenidad.

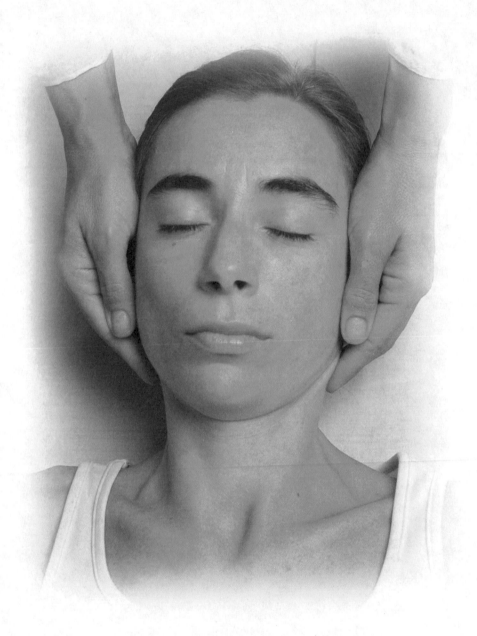

Tratamiento
4. Acción general de estabilización y desbloqueo.
Las manos a los costados de la cabeza, sobre
las orejas, con los dedos llegando hasta la mandíbula.
Actúa sobre el sistema de equilibrio asentado en los oídos,
sobre los puntos de acupuntura situados en las orejas y la faringe.

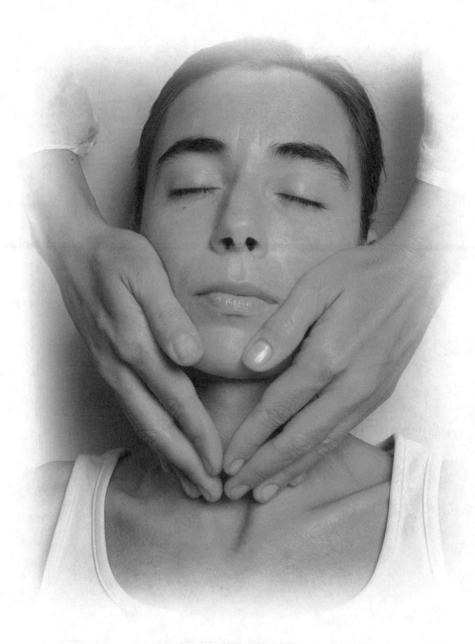

Tratamiento
5. Regulación del drenaje linfático y la presión arterial.
Las manos sobre la garganta, una de ellas ligeramente encimada
sobre la otra. Actúa sobre la laringe, las amígdalas, las cuerdas
vocales, la glándula tiroides, el drenaje linfático y la presión arterial.

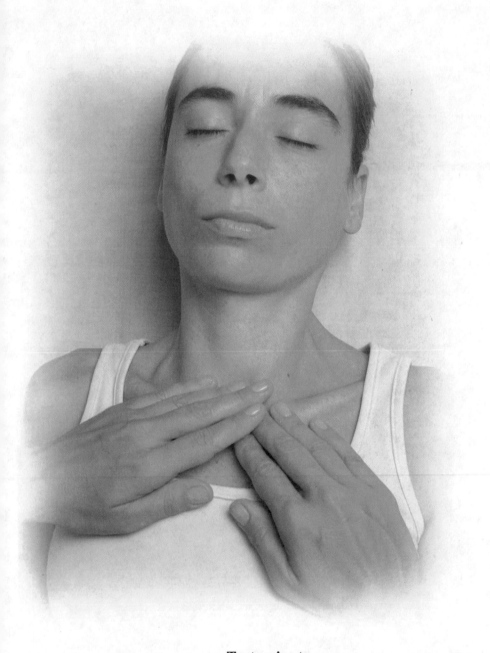

Tratamiento
6A. *Estabilización de tráquea, bronquios y pulmones.*
Las manos, una a continuación de la otra, levemente encimadas,
sobre el torso. Actúa sobre la tráquea, los pulmones y los bronquios.

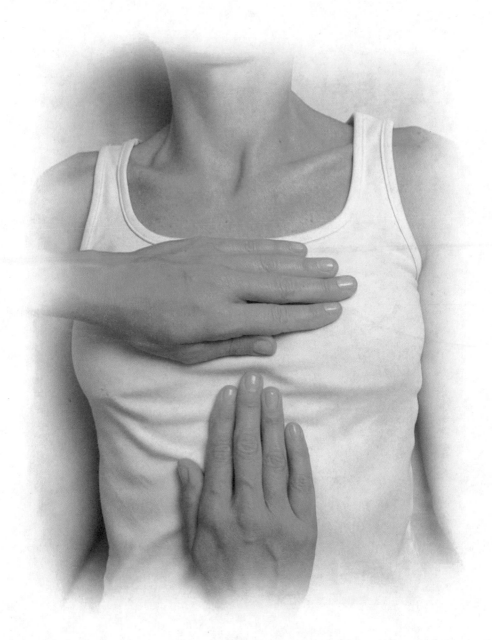

Tratamiento

6B. Incidencia sobre el poder inmunológico del timo.

En posición de "T", con una mano horizontal en
lo alto del pecho y la otra vertical sobre el esternón, se
logra incidir en una glándula importante: el timo. La posición ayuda a
superar vulnerabilidades emotivas y promueve la estabilidad emocional.

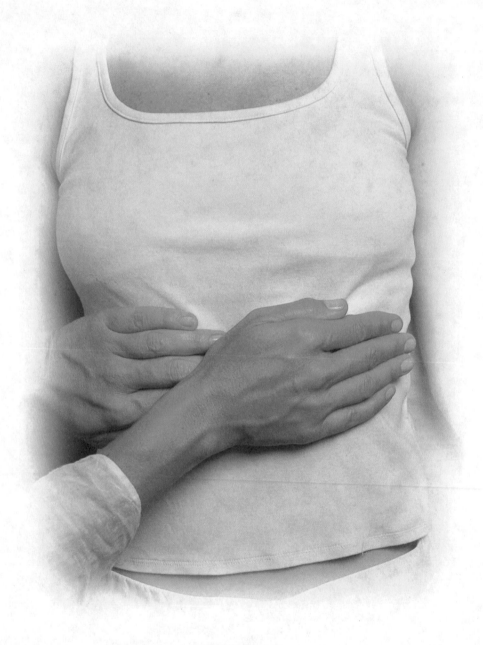

Tratamiento
*7. Incide sobre funciones del hígado,
estómago, vesícula biliar, bazo y páncreas.*
Las manos, una a continuación de la otra, levemente
encimadas, sobre la base de las costillas. Armoniza los órganos
de la digestión (estómago, hígado, vesícula biliar, páncreas y bazo).

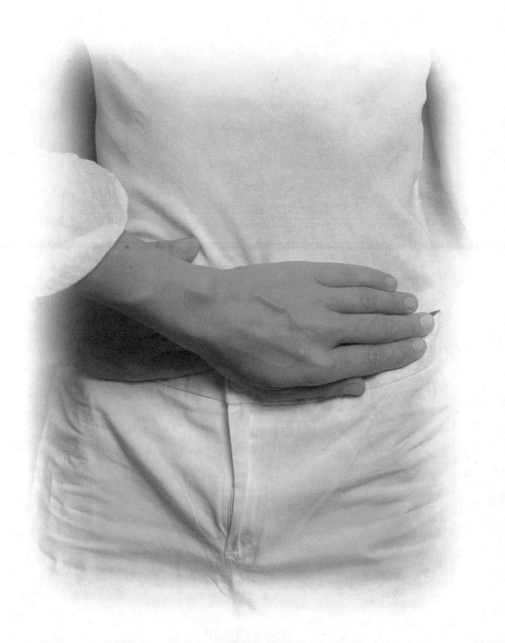

Tratamiento
8. Reduce afecciones y desórdenes intestinales.
Las manos, una a continuación de la otra,
levemente encimadas, sobre la línea del ombligo. Actúa sobre
los procesos de eliminación intestinal de substancias tóxicas.
Afecciones digestivas crónicas y otros desórdenes intestinales.

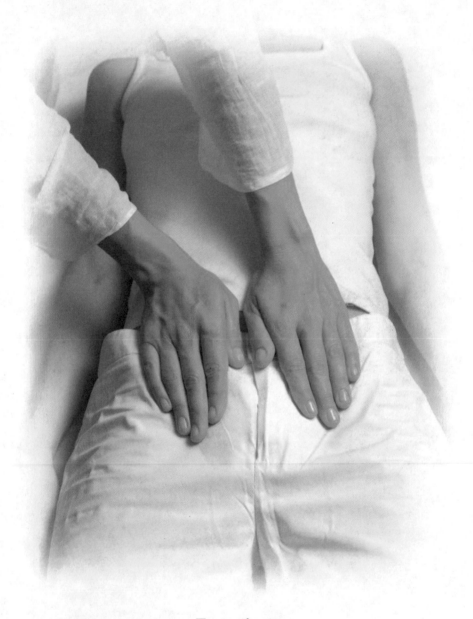

Tratamiento
9. Para disfunciones menstruales o prostáticas.
Las manos, una a continuación de la otra, levemente encimadas, sobre el bajo vientre, a ambos lados del pubis, en perspectiva vertical. Incide en el desempeño correcto del sistema urogenital, disfunciones menstruales, vejiga, duodeno, colon. Actúa sobre las glándulas sexuales y las secreciones hormonales, próstata y ovarios.

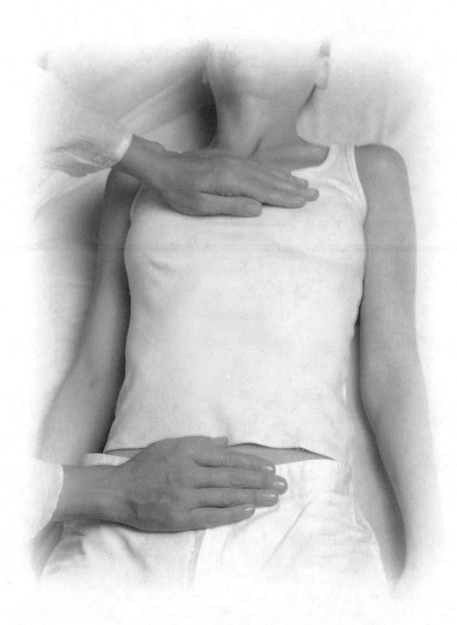

Tratamiento
10. Unificación de los polos del tronco,
para atraer energías de cielo y la tierra.

Esta posición completa la tarea frontal: una mano sobre
lo alto del pecho y la otra por debajo del ombligo. Estabiliza
la comunicación interna entre todas las regiones corporales
recorridas previamente, y atrae las energías del cielo y la tierra.

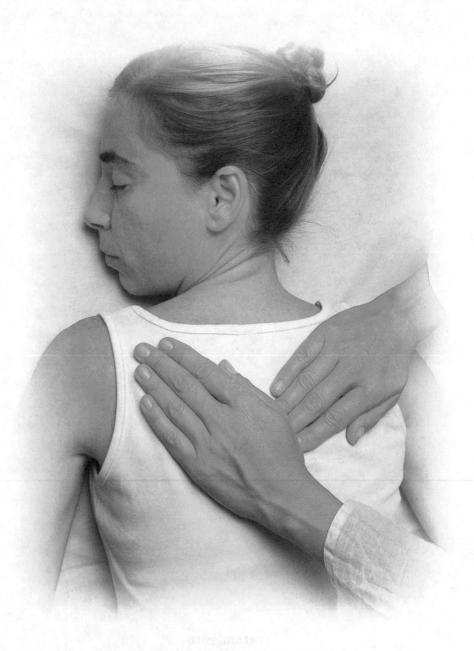

Tratamiento
11. Alivio de las rigideces acumuladas.
Para comenzar el trabajo en la región dorsal,
se posan las manos, una a continuación de la otra, levemente
encimadas, entre el pescuezo y la línea de los omóplatos.
Estabiliza las funciones fundamentales de la médula espinal.

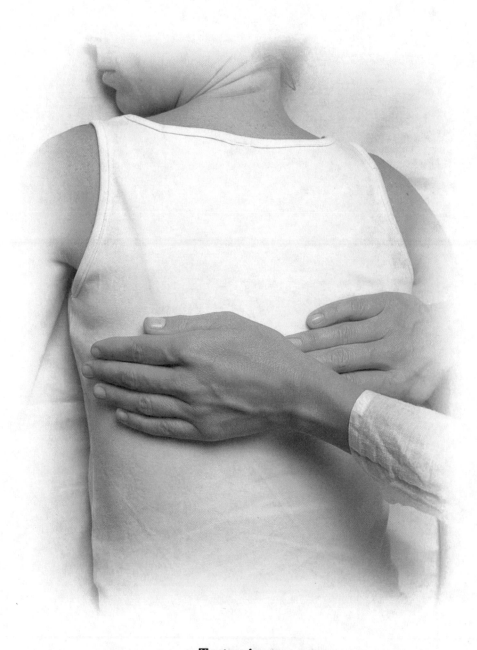

Tratamiento
12. Intensificación de estímulos nerviosos.
Se posan las manos sobre la línea de los omóplatos,
donde se acumulan las tensiones del quehacer de cada día. Alivia
la rigidez y promueve el corte con el miedo a los cambios de fondo.

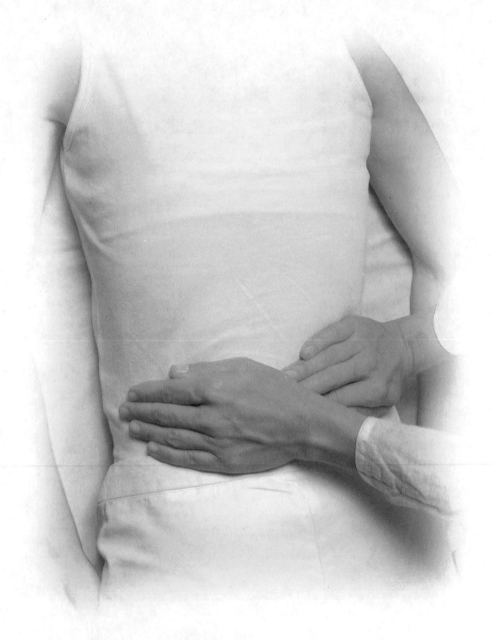

Tratamiento
13. Alivio de decepciones y sensación de fracaso.
Se colocan las manos sobre la línea de la cintura
(región de los riñones, donde se estima que recae gran
parte de las decepciones y la sensación de fracaso).
Actúa también sobre las glándulas suprarrenales.

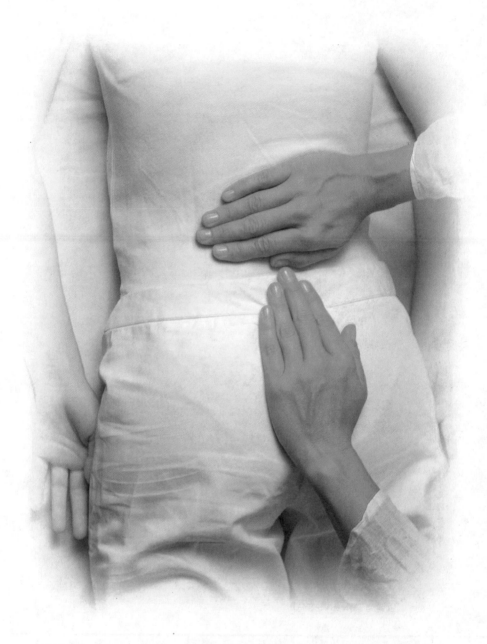

Tratamiento
14. Disolución de emociones mal resueltas.
Se colocan las manos en posición de "T", sobre el hueso
sacro, una horizontal y otra vertical. Acciona sobre la región
y la totalidad de la columna vertebral. Incide en el estímulo de
la flexibilidad personal y la disolución de emociones mal resueltas.

Tratamiento
15. Incrementa la circulación
sanguínea en las piernas y la locomoción.
Las manos sobre la parte posterior de las rodillas. Activa la circulación
sanguínea en las piernas y eventuales dolores en las articulaciones.

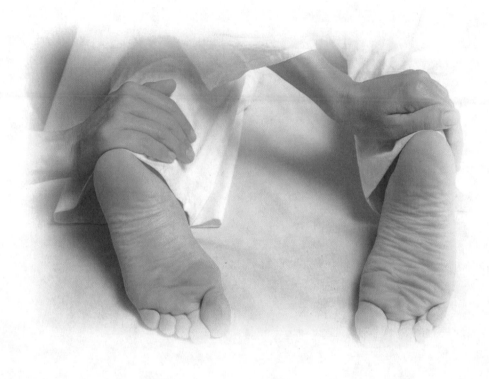

Tratamiento
16. Activación energética que se proyecta hacia la pelvis.
Las manos envuelven cada uno de los tobillos, y la energía actúa
sobre las articulaciones, proyectándose hacia la región de la pelvis.

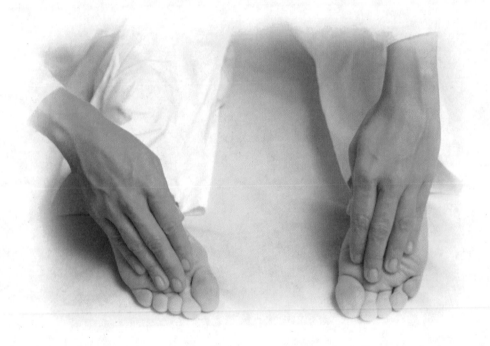

Tratamiento
17. Conexión del cuerpo emocional, mental y astral.
Las manos son alineadas sobre los pies,
en cuyas plantas están las terminales reflejas de
todos los órganos corporales (meridianos del *Qi Gong*).

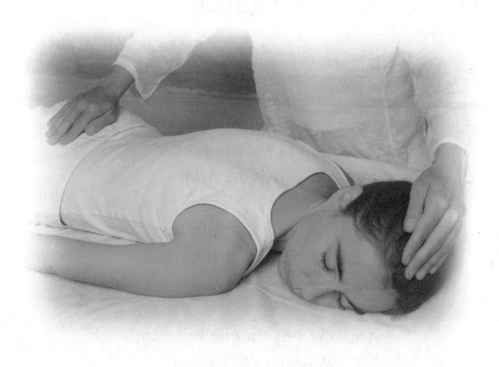

Tratamiento
18. Cierre del tratamiento, como agradecimiento por la vitalidad generada.

Posición opcional de "cierre", con una mano colocada
sobre la parte superior del cráneo y otra sobre la base
del torso del paciente ubicado boca abajo. Quien aplica Reiki
agradece mentalmente la posibilidad de haber actuado como
puente entre la vitalidad universal y el receptor. De inmediato,
da por concluida la sesión juntando sus manos frente a su pecho. El
paciente va asumiendo su ritmo personal y se incorpora suavemente.

Plegaria

Para conseguir la paz
y la armonía con el mundo,
proyecta toda tu fuerza
a través del Aiki.

Mediante tu espíritu,
guíanos, absuélvenos,
Dios Universal.

Acalla el ímpetu que se esconde
dentro de tu cuerpo.
Guía a todos los seres
proclamando tu júbilo.

A través de la sinceridad
perfecciona y conoce la verdad:
la unidad de todas las cosas,
visibles e invisibles.

Capítulo 8

Iniciaciones y aplicaciones

En la actualidad, el arte de sanación Reiki se enseña en cuatro etapas (algunos maestros dividen la tercera etapa en A y B):

Reiki I (reconexión con la entidad física)

Reiki II (autodescubrimiento mental)

Reiki III (conexión espiritual)

Maestría (formación suprema)

Para desarrollarlo, el maestro Usui combinó el manejo de antiguos símbolos tibetanos y la imposición de manos. Ensayaba siempre un procedimiento intuitivo para que sus manos "encontraran" los puntos críticos del paciente. El Dr. Chujiro Hayashi, para los practicantes comunes de Reiki, optó por una secuencia pre-determinada, que es la que se impuso en Occidente. El método hace circular la energía vital universal, al mismo tiempo que la equilibra y la transforma en el cuerpo humano. Cada uno de los grados o niveles de enseñanza involucra rituales de iniciación y *sintonía*, a fin de que el estudiante pueda desarrollar e intensificar la capacidad de canalizar ese dinamismo superior. El principiante, que va adquiriendo paso a paso percepciones de índole física, mental y espiritual, se ve mucho más favorecido por el proceso formativo si es una persona comprometida con su transformación personal o si posee experiencia previa con otras artes de sanación natural. Obviamente, debe anhelar conscientemente el refinamiento de la transmisión de energía vital que tiene lugar durante los tratamientos. Pero de ninguna manera puede el sanador influenciar los tratamientos. El cuerpo de su paciente captura la energía en la medida de sus necesidades profundas y la orienta hacia donde sea necesaria, ya sea en el plano físico o el plano emocional.

No hay límites prefijados para los tratamientos, pues Reiki actúa sobre las causas más profundas de las perturbaciones que aquejan al paciente, y cada individuo posee particularidades únicas. También es importante resaltar que Reiki no interfiere otros tratamientos, todo lo contrario, los complementa y de ese modo acelera la sanación y la cura.

La pedagogía Reiki tiene como objetivo central el brindar un contacto directo para la canalización energética que lo fundamenta, de modo que se energice y equilibre lo que esotéricamente se llama *cuerpo sutil* (componentes de la estructura etérica y molecular de los seres humanos que son puramente vibracionales). Es preciso resaltar que el reikista no utiliza su energía individual, sino que canaliza la energía universal.

Los símbolos que en la formación Reiki I sólo utiliza el maestro, y que el estudiante aprende durante los grados siguientes (tres en Reiki II y uno en la etapa final de su formación), son formaciones energéticas geométricas que durante siglos fueron patrimonio de los sanadores tibetanos y de *chamanes* de otras disciplinas. Las "sintonías" o armonizaciones inducen a un fortalecimiento y una alineación de los circuitos energéticos del sanador en vías de formación, a fin de que sea naturalmente capaz de canalizar el *Ki* a través de su cuerpo y luego transmitirlo a los demás. Esta iniciación se llama "abrir los canales", es muy sencilla, y no es *invasora*. O sea, fluye y actúa espontáneamente allí donde la sabiduría vital determina que es necesaria, ya sea para revitalizar como para diluir bloqueos energéticos perniciosos.

Reiki I

Durante esta etapa, que algunos maestros realizan a lo largo de cuatro días y otros la concentran en dos jornadas intensivas de fin de semana, el alumno accede a una charla informativa sobre la historia y es ilustrado acerca de las metas de la práctica Reiki, escucha lo referido a las pautas de conducta promovidas por Usui, atraviesa cuatro iniciaciones que realiza su instructor, aprende las posiciones de manos para el autotratamiento y la aplicación de Reiki a otros (que según la vertiente oscilan entre 12 y 18, sin que ello altere los objetivos centrales de la dinámica sanadora), debate en grupo las curiosidades o dudas que se le presenten, realiza su primera práctica con otro participante del grupo (alternadamente, ambos dan y reciben Reiki), y finalmente el maestro le da un diploma donde consta el nivel cursado y la fecha de la actividad, y un manual operativo para esclarecer todas las dudas que eventualmente puedan presentarse.

El maestro no escatima tiempo para dar respuesta a todos los interrogantes que puedan plantear los alumnos, y junto a la exposición teórica se aprovecha la oportunidad para la práctica. No sólo resulta primordial exponer las premisas básicas de la sanación energética, sino el esclarecimiento referido a las distintas facetas de la historia Reiki. Poner a prueba las posiciones de las manos y aprender a confiar en el proceso de canalización del Reiki son hechos prioritarios en esta etapa formativa.

La sintonía con las energías que sustentan nuestra vida, así como la del planeta y la de toda la Creación constituyen una experiencia jubilosa y liberadora. No obstante, el alumno debe tener en cuenta que así como puede atravesar momentos emocionantes, puede ser que no sienta algo durante las iniciaciones y recién le suceda a posteriori. Algunos vivencian la circulación de energía, otros quedan algo desconcertados porque tratan de asumirlo todo de modo intelectual. Pero dado que la causalidad Reiki no se ajusta a nuestra lógica del espacio y del tiempo, la razón queda atónita ante la progresión operativa de la enseñanza.

Autotratamiento

Los alumnos también tienen oportunidad de practicar sobre sí mismos, actividad que consta de 8 a 14 posiciones, también según el linaje del maestro: a cada una de ellas se les dedican unos cinco minutos. Resulta prioritario despojarse de todo tipo de objetos metálicos: anillos, collares, aros, relojes, pulseras e inclusive cinturones con hebilla, pues alteran el flujo de la energía vitalizadora. Sobre uno mismo, las manos se apoyan sobre el cuerpo siempre de modo muy leve, con todos los dedos juntos y curvándolas de modo que en la palma se forme una concavidad.

Antes de iniciar la secuencia de autoaplicación, diseñada para producir un efecto energético acumulativo, el reikista puede poner ambas manos horizontalmente sobre su pecho, cerrar los ojos, respirar normalmente, y repetir tres veces mentalmente como mantra la palabra "reiki". Luego, comienza la sesión.

1. Se colocan ambas manos (las palmas cóncavas hacia el cuerpo) sobre el rostro y los ojos, dejando libre la nariz.

2. Las manos sobre el tope de la cabeza en forma de arco (las puntas de los dedos se tocan levemente).

3. Las manos sobre la nuca, también con los dedos tocándose.

4. Las manos sobre las orejas, con los dedos orientados hacia lo alto.

5. Las manos sobre la garganta: una de ellas cubre parte de los dedos de la otra.

6. Las manos sobre los hombros, con la punta de los dedos hacia las clavículas.

7. Las manos sobre el tórax, sin que los dedos se toquen.

8. Las manos a ambos lados del vientre.

9. Las manos sobre la línea de la cintura, sin tocarse.

10. Las manos sobre el pubis (se rozan las puntas de los dedos).

11. Las palmas de las manos sobre la espalda, por encima de los riñones.

12. Las manos sobre el coxis (base de la columna vertebral) en forma de "V".

(Hay dos posiciones complementarias que consisten en sentarse sobre el suelo y tomar con ambas manos un pie por vez, y luego se posan las dos manos a la vez sobre las plantas.)

Esta progresión contribuye a nutrir y regenerar los órganos que tienen a su cargos las funciones fundamentales de nuestro organismo.

Aplicación a otra persona

Es ideal que el paciente se recueste sobre una camilla, lo que permite al reikista desplazarse a su alrededor sin forzar su propio cuerpo mientras va desarrollando la tarea. Las posiciones no difieren demasiado de las que se practican durante el autotratamiento.

1. Se colocan las manos sobre el rostro, con los pulgares en contacto, de modo que la concavidad quede sobre los ojos (que no deben ser tocados) y la nariz completamente libre. Actúa sobre las glándulas pineal y pituitaria, los senos frontales, el sistema ocular y los dientes.

2. Las manos forman una especie de casco sobre el tope de la cabeza, con su base en contacto y los dedos apuntando hacia las orejas. Activa los recursos de concentración, reduce el estrés y libera del agotamiento. Estimula la interacción de los hemisferios cerebrales.

3. La cabeza se apoya sobre ambas manos, que permanecen como sosteniéndola, juntas. Incide en el funcionamiento de las glándulas hipófisis y pituitaria, alivia las tensiones cervicales y otros trastornos que crean tensiones a nivel circulatorio. Favorece la serenidad.

4. Las manos a los costados de la cabeza, sobre las orejas, con los dedos llegando hasta la mandíbula. Actúa sobre el sistema de equilibrio asentado en los oídos, sobre los puntos de acupuntura situados en las orejas y la faringe.

5. Las manos sobre la garganta, una de ellas ligeramente encimada sobre la otra. Actúa sobre la laringe, las amígdalas, la cuerdas vocales, la glándula tiroides, el drenaje linfático y la presión arterial.

6. Las manos, una a continuación de la otra, levemente encimadas, sobre el torso. Actúa sobre la tráquea, los pulmones y los bronquios. Si en cambio se asume una posición en "T", con una mano horizontal en lo alto del pecho y la otra vertical sobre el esternón, se logra incidir en una glándula importante: el timo. La posición ayuda a superar vulnerabilidades emotivas y promueve la estabilidad emocional.

7. Las manos, una a continuación de la otra, levemente encimadas, sobre la base de las costillas. Armoniza los órganos de la digestión (estómago, hígado, vesícula biliar, páncreas y bazo).

8. Las manos, una a continuación de la otra, levemente encimadas, sobre la línea del ombligo. Actúa sobre los procesos de eliminación intestinal de substancias tóxicas. Afecciones digestivas crónicas y otros desórdenes intestinales.

9. Las manos, una a continuación de la otra, levemente encimadas, sobre el bajo vientre, o a ambos lados del pubis, en perspectiva vertical. Incide en el desempeño correcto del sistema urogenital,

disfunciones menstruales, vejiga, duodeno, colon. Actúa sobre las glándulas sexuales y las secreciones hormonales, próstata y ovarios.

10. Esta posición completa la tarea frontal: una mano sobre lo alto del pecho y la otro por debajo del ombligo. Estabiliza la comunicación interna entre todas las regiones corporales recorridas previamente, y atrae las energías del cielo y la tierra.

11. Para comenzar el trabajo en la región dorsal, se posan las manos, una a continuación de la otra, levemente encimadas, entre el pescuezo y la línea de los omóplatos. Estabiliza las funciones fundamentales de la médula espinal.

12. Se posan las manos sobre la línea de los omóplatos, donde se acumulan las tensiones del quehacer de cada día. Alivia la rigidez y promueve la superación del miedo a los cambios de fondo.

13. Se colocan las manos sobre la línea de la cintura (región de los riñones, donde se estima que recae gran parte de las decepciones y la sensación de fracaso). Actúa también sobre las glándulas suprarrenales.

14. Se colocan las manos en posición de "T", sobre el hueso sacro, una horizontal y otra vertical. Acciona sobre la región y la totalidad de la columna vertebral. Incide en el estímulo de la flexibilidad personal y la disolución de emociones mal resueltas.

15. Las manos sobre la parte posterior de las rodillas. Activa la circulación sanguínea en las piernas y eventuales dolores en las articulaciones.

16. Las manos envuelven cada uno de los tobillos, y la energía actúa sobre las articulaciones, proyectándose hacia la región de la pelvis.

17. Las manos son alineadas sobre las plantas de los pies, en cuyas plantas están las terminales reflejas de todos los órganos corporales (meridianos del *Qi Gong*).

18. Posición opcional de "cierre", con una mano colocada sobre la parte superior del cráneo y otra sobre la base del torso del paciente ubicado boca abajo. Quien aplica Reiki agradece mentalmente la posibilidad de haber actuado como puente entre la vitalidad universal y el receptor. De inmediato, da por concluida la sesión juntando sus manos frente a su pecho. El paciente va asumiendo su ritmo personal y se incorpora suavemente.

Algunos maestros latinoamericanos llaman al iniciado en Reiki I *servidor de la Luz* (pues si bien impone las manos de manera consciente, la circulación de la energía ocurre sin intervención de su voluntad). Tras cursar Reiki II, la denominación pasa a ser *portador de la Luz* (pues define pautas energéticas al quedar facultado para proyectarlo a distancia o efectuar tratamientos mentales). En tanto al completar Reiki III se convierte en *maestro de la Luz* (pues asume la responsabilidad de formar nuevos sanadores y proyectar la enseñanza a las generaciones siguientes). El sanador jamás decide en qué consistirá la sanación: la sabiduría Reiki está siempre en el puesto de comando. Su potencial benéfico no es automático, requiere que sea aplicado constantemente en la vida cotidiana.

Reiki II

Esta formación suele tomar habitualmente dos días. El maestro espera que su alumno haya practicado intensivamente lo que aprendió durante el primer nivel, al menos durante un semestre, tanto consigo mismo como con otros. Esto le permite discernir si la elección inicial fue algo pasajero y si el practicante ha tenido indicios del potencial sendero espiritual que se abre a su frente. Las experiencias que haya tenido lo introdujeron en procesos de depuración, sanación y estabilización que sin duda alguna promovieron muchas reflexiones. Hay leves variaciones entre las instrucciones que dan las diferentes escuelas existentes.

Se aprende a desempeñarse con símbolos sagrados, que permiten captar y transmitir la vitalidad universal. La dinámica pedagógica es semejante a la del nivel inaugural: una combinación de charla informativa, debate esclarecedor y prácticas concretas. El segundo grado involucra la enseñanza de tres símbolos operativos, el modo en que funcionan y la manera de aplicarlos en las labores sanadoras. Suele decirse que estos símbolos se refieren confluyentemente a los cuerpos físico, emocional, espiritual y mental. El alumno se familiariza con el significado y la aplicación de:

- un símbolo de potencialización (o de ampliación de la energía, para focalizarla, fortalecerla y depurarla),

- un símbolo de sanación mental (de armonización o favorecimiento del sosiego),

- un símbolo de sanación a distancia.

Tienen la particularidad de elevar los planos de circulación de la energía vitalizadora, colocándola en foco, para que la potencialidad Reiki actúe durante más tiempo. Y entrelazan espontáneamente los pensamientos y los sentimientos en la profundidad del ser individual.

Los tratamientos a distancia (que también suelen llamarse "en ausencia") no involucran para nada intencionalidades personales del sanador, y la ética Reiki resalta la importancia de que el receptor forme parte de la decisión de llevarlos a cabo. Toma alrededor de diez minutos y no reemplaza a las aplicaciones directas. Se dirigen a personas hospitalizadas o a familiares y amigos que viven en otra ciudad y que telefónicamente o por correo electrónico han comunicado al reikista los problemas que están padeciendo. La invocación del símbolo respectivo crea el ambiente propicio para la concentración en la energía vital universal, y luego se trabaja en la fijación del flujo a proyectar con el nombre de la persona, el sitio donde se encuentra y la circunstancia que se quiere ayudar a superar. El reikista dibuja alternadamente los símbolos con su mano en el aire y asimismo en su mente, acompañando las acciones con los mantras correspondientes. El maestro Mochisuki ha dicho que «*así como colocarles las manos de sanación a una persona situada frente a él, la voluntad de aplicar Reiki a distancia a la persona que está lejos, es una manifestación de amor... Lo más importante es que tanto el transmisor como el receptor se sientan cómodos y que puedan continuar a través del tiempo*».

Los tratamientos mentales, que el reikista brinda optativamente a sus pacientes antes o después de los tratamientos directos integrales, no toman más de diez minutos. El símbolo correspondiente establece un nexo entre la energía lumínica de Reiki y la conciencia del receptor. Se considera que favorece la armonización de los hemisferios cerebrales, la potencialidad creativa, la clarificación de objetivos, y la confianza en los dones de la vida, al mismo tiempo que despeja todas las brumas que la persona ha ido acumulando experiencia tras experiencia.

A quienes ingresan en el segundo nivel de Reiki, los maestros les brindan apoyo permanente mediante talleres complementarios de actualización, y todo tipo de asesoramiento para que su práctica sanadora evolucione. Los orienta sobre lecturas formativas y los invita a darle prioridad constante al arte del cuidado de sí mismos y de los semejantes, para lo cual han sido explícitamente capacitados. No dejan de puntualizarse las pautas de conducta fijadas por Usui y la utilidad de que los ya capacitados en los dos primeros grados mantengan entre sí encuentros de apoyo mutuo, e incluso de tratamientos Reiki.

霊
気

CAPÍTULO 9

Ki: energía suprema

Qi (o *Ch'i*) es un término chino que se utiliza desde la antigüedad para describir la energía *natural* del universo. No obstante, dado que su esencia es fundamentalmente espiritual, algunos estudiosos prefieren considerarla como *supernatural*, pues se inserta mucho más en un sistema de creencias metafísicas que en el tipo de pensamiento racional común en Occidente. A medida que el iniciado en Reiki avanza en el ejercicio de su práctica y –eventualmente– de sus estudios, se le presentan sin cesar opciones que pueden abrirle caminos infinitos de exploración, descubrimiento y perfeccionamiento. Uno de ellos gira en torno del *Ki*, la dinámica vital que fluye a través de todo lo que existe, y cuya circulación sin trabas constituye la base de nuestra vitalidad y, por consiguiente, de nuestra salud.

No hace mucho, durante un seminario sobre terapias energéticas, un participante compartió con los asistentes una serie de fotografías del Sol tomadas por el satélite Trace de la NASA (Administración Nacional del Espacio y la Aeronáutica) de los Estados Unidos. Las asombrosas imágenes exponían por primera vez una parte de los arcos magnéticos que alcanzan entre uno y dos millones de grados centígrados, y que se veían como tenues hebras de color amarillo. Tales arcos no son uniformes. Están compuestos por cúmulos de estructuras filamentosas (del mismo modo que nuestros músculos), formados por fibras individuales que se llenan y vacían tan velozmente que el gas que se encuentra dentro de ellas debe moverse a velocidades que alcanzan los cien kilómetros por segundo. Los arcos son larguísimos, tienen varios cientos de kilómetros. Sin exagerar, podría decirse que se fotografió el *aura* del Sol, su energía *Ki*.

Cuando al cursar Reiki I asumimos que el *Ki* o *Qi* es nuestra energía de vida, también aceptamos que circula a través de una red inconmensurable de canales energéticos invisibles. Controla y sustenta todos los órganos y todas las funciones vitales de nuestra masa corporal. Dicha energía bulle libremente en el universo y en el mundo natural circundante: nuestro cuerpo la toma del aire (éter o *prana*), del agua, de los alimentos y del suelo. Su déficit incide en procesos que comienzan llamándose disfunción y terminan convirtiéndose en enfermedades. Por eso los nutricionistas recomiendan ingerir los alimentos más cercanos al mundo vegetal, frutos de la nutrición solar basada en la fotosíntesis, ya sean vegetales y frutas *frescas* (no conservadas en frigoríficos) y, específicamente, brotes de semillas integrales (no refinadas industrialmente).

El Ki primordial

La formación Reiki nos enseña que en el universo existe un *Ki* primordial o cósmico (emisor de radiaciones complejas) que como tal no puede ser asimilado por el cuerpo humano. Para diferenciarse y penetrar en nuestra vida terrena, asume características que los filósofos chinos denominaron Yin y Yang, secuencias de polaridad que traducen el *Ki* celestial al *Ki* cotidiano de todos nosotros:

- que en el acto de nacer recibimos una diminuta porción de ese *Ki* cósmico que cimenta los procesos energéticos llamados metabolismo,

- que en su accionar incesante asimila energía vital universal y expele toxinas que de acumularse en nuestro cuerpo nos exterminarían a corto plazo,

- y cuando se agota, sobreviene la muerte.

Existen en numerosas escuelas iniciáticas orientales una gama amplia de ejercicios ascéticos y/o muy disciplinados que permiten asimilar intencionalmente ese *Ki* primordial, que en el caso del maestro Usui abrió los rumbos hacia la práctica Reiki. Ya sabemos que los antiguos egipcios lo llamaban *Ka*, y que practicaban ampliamente la sanación mediante la imposición de manos. En una de las capillas del monarca Tutankamón aparece una escena tallada donde se lo ve avanzando hacia Osiris mientras a sus espaldas Isis impone su mano derecha sobre la nuca (uno de nuestros centros vitales) del faraón. Asimismo, de los tiempos de su antecesor, el faraón Akenatón, se conservan muchas imágenes talladas en las que desde el sol descienden rayos que al aproximarse al monarca y a su familia se convierten en manos. Para los iniciados egipcios, el *Ka* era una partícula de Dios. Hasta hoy no se ha podido descifrar la simbología de sus ritos de inmortalidad.

El dominio del *Qi* por parte de ciertos monjes chinos hizo que se los denominara Taoístas Inmortales. Según el origen de los maestros y de las escuelas a las cuales pertenecen, su pueden obtener centenas de explicaciones sobre los senderos de ese *Qi*. Lo fundamental consiste en discernir que esa energía suprema no puede ser creada por ninguna religión, escuela de pensamiento o predisposición anímica. Pero que cualquier individuo embarcado en el arte de evolucionar espiritualmente, puede convertir en experiencia cotidiana. Como sucede con Reiki, con la práctica del Aikido japonés o con variadas técnicas de meditación integrada.

Es aquí donde entra a tallar otro concepto chino, el del *Xin*, que es el nexo corazón-mente. Los modernos eruditos de China sostienen que el *Qi* es el eslabón perdido que los científicos occidentales buscaron siempre para decodificar la llamada energía **psi** (extrasensorial). En el caso de la física cuántica, se lo llama *campo unificado*. Cabe citar a dos físicos avanzados que osaron abrir nuevas conversaciones científicas. Uno de ellos, Wolfgang Pauli (1900-1958), sostuvo que *«sería una solución mucho más satisfactoria si la mente y el cuerpo pudiesen ser interpretados como aspectos complementarios de la misma realidad»*. A su vez, James Jeans (1877-1946), experto en problemas de cosmología y dinámica estelar, indicó que «*la corriente del conocimiento está llevando hacia una realidad no-mecánica; en vez de parecerse a un enorme aparato, el universo comienza a parecerse a un gran pensamiento*».

Según se aborden estos temas desde una perspectiva científica, teológica, intelectual, instintiva o sobrenatural, variarán radicalmente las premisas y los alcances de su aplicación. También podría decirse que este universo interconectado mediante la energía *Ki* o *Qi* es una especie de ecosistema psíquico o neurológico.

En los 10.000 a 12.000 años de historia humana registrada, atravesamos varias revoluciones: la agrícola, la urbana, la industrial, la espacial (misiones Apolo a la Luna) y la cibernética. De modo extremadamente sutil, se produce hoy en muchas almas sintonizadas en el *Xin*, una monumental revolución espiritual.

La Creación (o el Génesis) es un proceso energético continuo, ilimitado: la especie humana atraviesa ahora un ciclo de progresión hacia estados más elevados de existencia. Que sólo pueden apreciarse desde perspectivas visionarias.

El vigésimo hexagrama del *I Ching* nos remite a la Observación, o sea, simboliza la Contemplación, como vehículo de la Visión: La contemplación de mi vida decide sobre progreso o retroceso, evolución o involución. Por eso: sólo quien logra avanzar con intensidad (honda y visionariamente) en el camino de su perfeccionamiento espiritual, puede desarrollar por completo su propia naturaleza. Para eso hemos nacido: para realizar en la Tierra tal plenitud o clímax de la Creación Solar. Para expandir a Dios en nuestras almas.

Bodas con lo Divino

La Humanidad, como especie en vías de espiritualización (bodas con lo Divino) se encuentra en pleno salto evolutivo, simbolizado por la confluencia en Tríada del Hombre, la Tierra y el Cielo. Nacemos con destino angelical, y no como una mera función biológica. Nuestras células, las del planeta y las del Universo pertenecen a un triple organismo en vías de maduración.

Algunos seres humanos van desplegando su propia naturaleza en tal dimensión, que hasta aquí estuvo envuelta en un vértigo de secretos y misterios. Al hacerlo así, por dinámica de comunión, el aspirante espiritual influye en el desarrollo de otros. De esta manera –y Reiki es un ejemplo arquetípico al respecto– expandiendo la naturaleza de los demás, expande la naturaleza de todas las cosas. A medida que esto ocurre, los potenciales nutritivos (*Ki* o energía sagrada) del Cielo y la Tierra van alimentando la transición humana hacia rumbos de vida eterna.

El Cielo no es ese lugar en las alturas donde vuelan los aviones y pulsan los satélites meteorológicos y de comunicaciones. El idioma castellano nos juega una mala pasada. En cambio, en inglés, *sky* es la alta atmósfera terrestre, en forma de hemisferio o cúpula, limitado por el horizonte. Pero *heaven* es en singular algo que se encuentra más allá del firmamento; y en plural indica los poderes celestiales, la dimensión de los ángeles, lugar de supremo deleite, divina providencia... y en máxima instancia: Dios. Su remota raíz etimológica es *kamer*, que se fue desasimilando en sus acepciones germánicas y anglosajonas hasta volverse *kemen, hibin, heofon,* y *hefn* o **heaven.** Para los latinos fue *camurus* y para los griegos *kamara*. La Cámara Celeste. El Reino Celestial.

Se trata de una fuente de energía cósmica en torno, dentro y con la Tierra, que trasciende las formas y los rasgos. Es el principio fundamental que impulsa los cambiantes fenómenos del Universo. Es la convergencia del Cielo y la Tierra, y en tal dimensión la máxima realización humana generó la Transfiguración de Cristo. Leemos en el Evangelio: *«Y se transfiguró delante de ellos, su rostro se puso brillante como el sol y sus vestidos se volvieron blancos como la luz»* (Mateo, cap. 17).

Desde la Visión, contemplas el curso de tu propia vida, para retroceder o avanzar (es tu opción) y no es posible errar el sendero si el alma conoce la pureza. Contemplas tu genuino ser, y ves a la humanidad entera en su trance de tiniebla y luminosidad simultáneas, en su condición de bestia o ángel. Y ves por fin los detalles: toda dificultad surge de la falta de atención, de la ausencia de devoción y la no práctica de una vida correcta. Agrega el *I Ching*: Es propicio ver al Gran Hombre. Desde la inocencia.

La Visión es como el Reino: viene sin dejarse sentir. Porque está en nosotros. Desprendimiento de todo espejismo material, rechazo de la crueldad y búsqueda de una expresión plena: lo divino que regenera lo humano carnal y lo vuelve espiritual. Este es el salto evolutivo que enfrentamos. Así el hombre y la mujer reingresan al mundo como seres espirituales, y entonces reciben a fondo la energía crística, el *Ki* sacramental. Sólo quien asume el Reino como un niño y es transfigurado por su luz logra acceder a la dinámica celestial. Y allí comienza otra historia: la del amor infinito. Que a veces danza en el espacio distante como un delicado entramado de hebras amarillas.

En comparación con otras artes sanadoras de origen oriental, la versión occidental de Reiki no ostenta demasiadas orientaciones doctrinarias. Que en verdad tampoco son frecuentes en Japón, porque los maestros nipones no consideran apropiado debatir con sus pacientes cuestiones referidas a los guías espirituales. Dado que la religión nacional, el *shintoísmo*, se ocupa ampliamente de los espíritus, pues considera que influencian todos los aspectos de la vida cotidiana, el tema pasa a ser una cuestión privada y nunca aparece en las conversaciones mundanas.

En cambio, es vastísima la literatura japonesa existente sobre el *Ki*, que poco a poco va traduciéndose en Occidente. Uno de los mayores eruditos en la materia, Koichi Tohei, autor del *Libro del Ki* y discípulo del maestro Morihei Ueshiba (fundador del arte marcial Aikido), ofrece esta compacta definición: «*Ki es la unidad básica del universo. Constituye la infinita confluencia de partículas infinitamente pequeñas. En última instancia, todo está compuesto de Ki. Si persi-*

gues este concepto hasta la profundidad de la conciencia humana, entenderás la mente universal que gobierna toda la creación, amando y protegiendo toda la vida... Todo se origina a partir del Ki del universo».

Por esto no sorprende que este maestro indique que su "cultivo" es algo de suprema importancia, y sugiere sin equívocos que el *Ki* puede conducir a un mejor discernimiento de los principios universales y al descubrimiento de nuestro lugar en el marco de la creación que llamamos vida.

Lo que diferencia radicalmente a Reiki de las otras artes sanadoras y marciales de Japón es que para sus rituales de sanación y purificación utiliza símbolos "secretos" llamados *Nenriki* a la par de *mantras* o invocaciones denominadas *Jumon*. Otra particularidad es que sólo ocasionalmente se concentra en el centro vital llamado *tanden,* que se ubica a cinco centímetros debajo del ombligo: en cambio, sostiene que la energía se expande a partir del centro (o *chakra*) existente en nuestra coronilla. La medicina occidental se aplica a "curar" los síntomas de las enfermedades que se manifiestan en el cuerpo físico, y muy raramente presta atención a las causas que se encuentran en los planos espirituales y sutiles de la existencia, tal como afirman todas las prácticas orientales referidas al *Ki.*

CAPÍTULO 10

Wa: armonía integral

Durante los últimos veinte años, la práctica de Reiki se ha expandido de modo descomunal por todo el mundo (sin constituir una moda epidérmica) y de manera bastante sutil, sin espectacularidad alguna. Ello se debe, por una parte, a la sencillez, la profundidad y la efectividad simultáneas de sus dinámicas. Y al mismo tiempo, suponen algunos reikistas, ello fue sucediendo tras el previsible debilitamiento de muchas actividades de la llamada **new age** (o movimiento de la Nueva Era), que publicitó a los cuatro vientos el advenimiento de una portentosa Edad Acuariana, pero cuyos adherentes no se aplicaron a realizar las tareas transformadoras profundas necesarias para la creación de la *nueva sociedad* que consideraban inminente.

Hoy el mundo no es un lugar "mejor" que en 1982, todo lo contrario. Suenan tambores de guerra en muchas comarcas, millones y millones de personas desempleadas han quedado exceptuadas de los supuestos oropeles de la sociedad de consumo, la vida en las metrópolis se ha deteriorado hasta límites insostenibles, los cambios climáticos alteran la atmósfera terrestre, y la salud pública ha ido convirtiéndose en calamidad pública por doquier, con mucha gente desplazada al margen de los sistemas de atención comunitaria gratuita y de perspectivas humanas de progreso.

Desde una perspectiva occidental, este cuadro de calamidad generacional suele llamarse *desequilibrio* o "desfasaje" estructural. Desde la óptica tradicional japonesa, constituye un cuadro de *inarmonía*, de extravío de los significados profundos de la existencia. Lo cual nos lleva a referirnos a una característica fundamental que jamás se conversa, sino que se practica en Japón desde la más tierna infancia: es denominada *Wa*.

Etimológicamente, *Wa* puede traducirse como armonía, gentileza o paz, y es una de las cuatro "virtudes" que cimentan la idiosincrasia japonesa, es pecialmente durante los rituales de la tradicional "ceremonia del té". Las otras tres son *Kei* (respeto), *Sei* (pureza) y *Jaku* (iluminación o sabiduría). No son las únicas, y también tienen preponderancia otras cuatro que sumadas a la de *respeto* indican la presencia de un ser humano unificado: *Chuu* (lealtad), *Ko* (justicia), *Jin* (humanidad o compasión) y *Gi* (honor).

La tradicional educación fundamental del hombre y la mujer en Japón (en la escuela y en el hogar) gira en torno de tales valores, y una vez llegados ambos a la edad adulta se convierten en una realidad espiritual implícita, sobre la cual no se hacen declaraciones sino que se viven profundamente como parte del propio acto de respirar. También se encuentra presente en concepto de *Wa* en todas las artes marciales niponas, especialmente en el Aikido (*Ai* se refiere a la armonía y la unidad; *Ki* a la fuerza o energía vital; y *Do* significa estudio o camino), cuyo fundador –Morihei Ueshiba (1883-1969)– afirmó: «*En el Aikido, el concepto de* Wa *es importante. Su significado es armonía del espíritu y el cuerpo, paz personal y armonía, paz mundial y armonía. No es preciso nada más que armonizar con la naturaleza. En el Aikido no hay competencia o rivalidad. La práctica no es una contienda entre adversarios, sino una fraternidad armoniosa para lograr progreso y desarrollo. El movimiento del Aikido puede compararse al del* **En** *(círculo). Un círculo no tiene techo ni fondo. Es equilibrio e integración. No hay discriminación, ni principio, ni fin. Representa permanencia e indestructibilidad*».

Esta escuela también se define como "arte de la no resistencia" o "arte marcial no combativa". En japonés, el ideograma *Ki* combina dos grafías. Una significa "arroz" (materia o alimento), la otra "vapor" (gas, energía, éter). Materia y energía se combinan para designar una única cosa. Y se considera que el ser humano es una energía animada por el espíritu. Esta energía conduce a la materia (que es otra forma de energía) hacia el fenómeno vital. El ser humano, igual que la energía primordial, es una energía animada por sí misma. Se dice que los seres son producidos por la modificación del Ser. O sea: el *Ki* es al mismo tiempo cosmos y tierra. Lo cósmico es energía sutil, inmaterial, vapor, cielo. Lo terrenal es materia, tierra. *Ai* (unidad) y *Ki* (energía) se fusionan en *Aiki*: es la ruta hacia las estrellas y consiste en un muy largo camino. *Ju* significa al mismo tiempo flexibilidad, adaptabilidad, condescendencia, gentileza y no-resistencia.

En su tránsito hacia la vida adulta, todos los jóvenes japoneses practican algún tipo de arte marcial. Mikao Usui no fue excepción y una vez salido de la adolescencia practicó el Ju Jitsu, muy común en su época. Denominado también Jujutsu (en japonés "arte de la gentileza"), consiste en un método de lucha de "no ataque" cuyo objetivo es forzar al oponente a que use su fuerza y su peso contra sí mismo. Sus orígenes se perdieron en el tiempo (se los presume como chinos), pero los expertos creen que despuntó a inicios del siglo XVI como parte de los recursos de los guerreros samuray japoneses. Inicialmente, sus estudiantes aprenden las técnicas una por una sin combinar sus variados movimientos, pero la esencia de este estilo es la habilidad para fluir velozmente de una técnica a otra para controlar a cualquier atacante.

La identidad profunda

Usui logró considerable idoneidad en esta práctica, y el dato viene al caso para comprender su capacidad de síntesis cuando ya en la vida adulta combinó todos los resultados de sus investigaciones para darle forma a la práctica de Reiki.

En Japón, *Wa* es la clave de una oculta armonía para la concordia de las relaciones humanas. El estudioso Sen Nishiyama destaca que

Wa abarca los significados de por lo menos cuatro palabras: paz, armonia, tranquilidad y equilibrio. Y algunas veces se agrega también "solidaridad", o sea, espíritu de equipo o armonía en un conjunto de personas. Juega un papel fundamental, aunque invisible, en el proceso total de las relaciones humanas japonesas, pero no abarca apenas los vínculos entre las personas sino también los nexos entre los seres humanos y la naturaleza.

Cuando cualquier extranjero llega para radicarse en Japón, tarde o temprano es puesto al tanto de que el concepto de *Wa* se halla presente en los estratos más profundos de la cultura nipona. En los gestos cotidianos, en el lenguaje y en los negocios puede reconocerse el esfuerzo que los japoneses hacen para mantener un ambiente de armonía entre los presentes. De igual manera, ello se nota en las artesanías, los diseños decorativos o ambientales, o en la disposición de las piedras y las ondulaciones de arena en un jardín Zen. En todo hay una aspiración de darle conjunto a las partes para lograr un todo intangible y acompasado que sugiera y cree armonía.

Cabe tener presente que los japoneses viven en una cadena de islas, cuyo 80% consiste en montañas abruptas y escarpadas, lo cual deja como habitable apenas el 20% de la superficie terrestre. En la actualidad, en esa pequeña área viven alrededor de 120 millones de personas, lo cual hace que allí la densidad poblacional sea una de las más altas del mundo. La idiosincrasia *Wa* evolucionó a través de la historia de la sociedad japonesa y de las presiones del ambiente físico y las tendencias del desarrollo social. Se vuelve evidente, entonces, la confluencia armónica que existe entre los significados de *Wa*, *Ju* y *Ai*. El Aikido va más allá de las técnicas de autodefensa: se refiere además a la iluminación espiritual y a la salud física (o paz mental).

Resulta muy útil el visualizar la intrincada confluencia de matices existente en la cultura japonesa, para advertir que Reiki es parte de una gran tradición, no apenas el fruto circunstancial del esfuerzo de un hombre inspirado. El monje Ueshiba decía que «*el Aikido es la Vía de la Armonía Espiritual, la encarnación del principio de unidad de todos los seres, la ruta de la gran reconciliación y la brújula que señala hacia lo que las religiones llaman Cielo o Gran Universo*». Uno de sus poemas didácticos expresa:

Para conseguir la paz
y la armonía con el mundo
proyecta toda tu fuerza
a través del Aiki.

Mediante tu espíritu,
guíanos, absuélvenos,
Dios Universal.
Acalla el ímpetu que se esconde
dentro de tu cuerpo.
Guía a todos los seres
proclamando tu júbilo.

A través de la sinceridad
perfecciona y conoce la verdad:
la unidad de todas las cosas,
visibles e invisibles.

Vivir disfrutando

Hiroshi Doi, maestro de Reiki moderno, explica que Reiki no es algo que "modifica radicalmente a la persona", sino que consiste en un sostén que nos ayuda a sintonizar nuestra vibración con la del universo, para restablecernos como "la existencia que esencialmente debemos ser", y a eliminar los desequilibrios del cuerpo y de la mente, a fin de que podamos completar el "aprendizaje necesario" para nuestra alma. Es con tal finalidad que se aprende a canalizar la energía vital universal. Y resume la práctica Reiki en once puntos centrados en la "condición de vivir con goce":

167

- **Sencillez.** Para alcanzar la capacidad de convertirse en un canal Reiki no se requiere un entrenamiento arduo ni prolongadas preparaciones. La sintonización para iniciarse abre el canal para la transmisión energética, y desde ese mismo instante el alumno puede realizar sanaciones. Si bien no resulta necesario ese tipo de entrenamiento, sí hace falta centrarse en la autopurificación y el despliegue de la propia espiritualidad. Esto facilita la elevación de la capacidad adquirida y permite convertirse en un canal claro y limpio de la energía.

- **Permanencia.** No bien fue recibida, dicha capacidad no se pierde. El canal Reiki que se abrió en el practicante no perderá nunca su dinamismo, independientemente de que se lo ejercite o no. Aunque en principio es básico, y del grado de capacitación y práctica de cada cual depende su elevación a planos superiores. En caso de no usarse, quedará en un grado primario, latente.

- **Incremento.** Cuanto más se utiliza, más intensa se vuelve la capacidad sanadora, el uso no la disminuye ni agota. Se vuelve más potente a medida que se aplica en uno mismo y en los demás. Es preciso reconocer que uno es un canal de Reiki, no es el dueño de la capacidad, ni puede tratar de intensificar de modo consciente la acción sanadora. En caso de intentarlo, podría aminorar su propia energía vital y producir desequilibrios en su salud personal.

- **Espontaneidad.** No se requieren esfuerzos de concentración: cuando se colocan las manos, fluye la cantidad necesaria de Reiki, de modo que no hace falta concentrar la conciencia ni la voluntad. El practicante se distiende, se predispone y coloca las manos sin convocar alguna actividad mental.

- **Inocuidad.** No existe el riesgo de transmitir energías negativas, pues Reiki es una luz clara que no transporta ese tipo de energías. El practicante suele enfocar su mente en el centro de la región abdominal, y así mantiene su conciencia un plano elevado.

- **Efectividad.** Reiki funciona inclusive cuando se es escéptico en referencia a sus potencialidades. No depende de pensamientos religiosos, y tampoco de las convicciones del paciente. Actúa sobre enfermos inconscientes, y se aplica también a plantas, alimentos y mascotas. Aunque una voluntad opositora del paciente bloquea el flujo de la energía. Se recomienda no imponer un tratamiento Reiki a quienes no deseen recibirlo.

- **Universalidad.** Es efectivo con toda entidad viviente: personas, animales y plantas. También puede aplicarse para purificar la energía del lugar donde se permanece. Reiki es efectivo con todo lo que existe en el universo. Aunque resulta necesario tener claridad de conciencia para no sintonizar vibraciones bajas o superfluas, que son emitidas por algunas substancias.

- **Sinergia.** (En biología, la acción de dos o más substancias, órganos u organismos que logran efectos que son incapaces de obtener por sí solas.) Los efectos de Reiki se multiplican cuando se los emplea a la par de medicamentos o disciplinas terapéuticas como el *Qi Gong* o la acupuntura: multiplica sus efectos. Por un lado, Reiki activa el dinamismo vital y aumenta la capacidad de autosanación. A la vez, con su aplicación, los medicamentos y otros métodos sanadores ejercen su potencial de modo pleno.

- **Ilimitado.** Reiki trasciende el tiempo y el espacio. El uso de los símbolos recibidos durante el segundo grado formativo permite efectuar sanaciones a distancia, en el presente, el pasado y el futuro. Dado que toda existencia es un fenómeno vibracional, y que en el mundo considerado "real" todo sujeto u objeto constituye una sola existencia, Reiki actúa sobre las barreras temporales y espaciales. Los símbolos ayudan a alcanzar este reconocimiento, y no bien se logra comprender su esencia, dejan de ser prioritarios.

- **Purificación.** Reiki logra la depuración de los traumas acumulados y de los *karmas* (término que alude a la ley cósmica natural de causa y efecto). Incluso incide en la mejora de los datos genéticos registrados en el ADN. El maestro Doi destaca que «*para lograr una verdadera felicidad, debe eliminarse el karma del pasado que ejerce una influencia negativa. A tal fin, resulta necesario repetir el proceso de autopurificación mediante la energía Reiki, eliminando el karma del pasado y evitando que se genere un nuevo karma*».

- **Iluminación.** Dado que resulta posible elevarse a uno mismo y alcanzar la autorealización, se recomienda la sintonía diaria con Reiki mediante ejercicios de autopurificación y meditación. Que abren el camino hacia la iluminación. Lo esencial consiste en aplicar la guía de Reiki en la actividad cotidiana, lo cual posibilitó que espontáneamente el maestro Usui se "iluminara" (autorrealización en medio del silencio, la paz y la felicidad suprema). Ello no depende de esfuerzos intelectuales.

Estas son todas premisas prácticas a tomar en cuenta durante las etapas formativas de la potencialidad sanadora y durante el propio recorrido de aplicación del método Usui, pues todas las capacidades reales deben ser desarrolladas y elevadas a partir de los esfuerzos de cada uno.

CAPÍTULO 11

Gassho: introspección sutil

A l iniciar todos sus talleres educativos y sesiones sanadoras, el maestro Usui convidaba a realizar la meditación *Gassho*, que literalmente significa "juntar las palmas de las manos". Es la clásica actitud de plegaria: las manos unidas delante del pecho, a una altura que permita sentir en los dedos el aire que exhalamos por la nariz. Puede destacarse que ella brinda a los practicantes de Reiki un recurso fundamental para el refinamiento de su práctica armonizadora y su vida personal.

Por ello, ésta o cualquier práctica meditativa es preciso realizarla durante 20 o 30 minutos al comienzo y al final de cada jornada. *Gassho* puede practicarse a solas o en grupo, igual que la meditación armónica, el *zazen*, o las que promuevan otros nobles maestros espirituales. Grupalmente, se produce un fenómeno de sinergia, es decir, la confluencia de las energías individuales interactúa poderosamente: el campo bioeléctrico creado va mucho más allá de la mera suma de los potenciales individuales de los presentes en la práctica.

El meditador *Gassho* se sienta con los ojos cerrados (sobre un almohadón en el suelo o sobre una silla, y con la espalda recta) y junta sus manos delante de su corazón. Toda la capacidad de atención de la persona involucrada va a centrarse en el punto donde están unidos los dos dedos del medio (que uno puede presionar entre sí varias veces a fin de facilitar el enfoque). Quien jamás haya meditado antes se distraerá fácilmente, y no debe sentir remordimiento por ello, pues es común que suceda tal cosa. Asimismo, todo pensamiento que aparezca –como imaginar lo que uno hará durante la actividad posterior, o cuestiones de amor o trabajo– debe ser pasado de largo. La mente lo observa fugazmente y luego lo deja ir. A medida que uno se vaya entregando al acto de meditar, ello será menos y menos frecuente.

Nunca debe creerse que una meditación se lleva a cabo para "lograr" alguna cosa. No es una "tarea", sino el pulimento del don de la perseverancia. Toda vez que algo nos distrae, volvemos a imaginar el punto de encuentro de los dos dedos mencionados. A veces, en las primeras experiencias, algunas personas sienten que sus brazos se acalambran cuando se trate de mantener la posición durante 20 minutos. Eso se resuelve apoyando los antebrazos contra los costados del tórax. En otros casos, puede hacerse un breve descanso bajando las manos lentamente hacia la falda, con las palmas hacia arriba. Ello no perjudica la calidad de la tarea.

Las investigaciones del maestro Frank Arjava Petter en Japón revelaron que además de los Cinco Preceptos postulados por Usui, la práctica Reiki se basa en Tres Pilares: la meditación *Gassho*, rituales preliminares y orientadores llamados *Reiji Ho*, y el tratamiento sanador en sí: *Chiryo*. Arjava Petter comenta que durante la meditación, en ciertos casos, se producen fenómenos como calor en las manos o en la columna: eso no debe preocupar al meditador. También puede alterarse levemente la postura sentada o la de la cabeza, en caso de presentarse alguna incomodidad. Todas las técnicas meditativas requieren que la espalda esté lo más recta posible durante la tarea. Como muchos no están acostumbrados a quedarse quietos en posición sentada, puede convenirles usar una silla con respaldo. Lo mismo puede hacerse contra la pared. Igualmente, se admite que algunas personas pueden no disfrutar la práctica de *Gassho*, ya sea por su naturaleza o porque no están en la órbita apropiada. Por lo cual no están obligadas a llevarla adelante y, en cambio, pueden probar otros estilos de meditación.

En general, se aconseja no meditar recostados, pues es frecuente que ello induzca al sueño. La posición "flor de loto" (como se hace en la India) o sobre las rodillas (habitual en Japón) no es en absoluto obligatoria para el meditador occidental, pues quienes no están habituados a ellas van a padecer incomodidades corporales que anularán la práctica meditativa.

Sintonizar el centro

En las múltiples prácticas de meditación existentes hay otros recursos de "centramiento", como la luz de una vela, la repetición mental de una sílaba sagrada (*mantra*) o el aire entrando y saliendo de los pulmones. Al principio, la meditación *Gassho* es un desafío, porque hay quienes imaginan andanzas psíquicas espectaculares o fantasean con adquirir poderes espectaculares. Pero el aparentemente simple acto de centrar la atención profunda en un par de dedos unidos se les irá revelando como una experiencia nada convencional.

Esta manera de disciplinar los sentidos (pues de eso se trata) será crucial cuando se haya cursado el segundo nivel Reiki y se intente realizar una sanación a distancia. Al visualizar mentalmente los símbolos Reiki e ir sintiendo el fluir de la vitalidad universal, el practicante sabe que es ella –y no él– la que se hará cargo de la acción necesaria. No bien se haya familiarizado con el *Reiji Ho* (dinámica orientadora de la energía Reiki), advierte que la propia intuición actúa fluidamente.

Nunca está de más reiterar que meditar es, por usar una expresión de fácil comprensión, algo así como tener "afinado el motor". O si se prefiere, establecer una relación equilibrada con lo mejor que hay en cada uno. Esa es una manera de protegerse frente a grandes oleadas de energía malsana que abunda en todos los ambientes. Un individuo meditativo y estabilizado no puede ser jamás distorsionado por esas "malas ondas".

Aquí viene lo más delicado. Hay personas que por distintas circunstancias arrastran una tendencia al resentimiento o un gran desorden emocional. Una vez que hayan adquirido los conocimientos brindados por el primer nivel Reiki, podrán ir neutralizando paulatinamente tales fragilidades e incorporando vitalidades enriquecedoras. Ese saber adquirido, sumado a las bondades de la meditación *Gassho*, podrán aplicarlo al autosanarse, al despegarse de un lastre energético pernicioso.

Arjava Petter interpreta los Tres Pilares Reiki de este modo:[1]

1) con la práctica *Gassho* logramos un estado meditativo, un estado de unidad con el Universo ("es como limpiar la casa antes de que llegue el huésped, en este caso, la energía Reiki"). Es como afinar el corazón, o reverenciar lo divino que late en uno mismo.

2) la dinámica *Reiji* se establece no bien las malas costumbres del ego fueron desechadas con ayuda de la meditación. La canalización de la energía Reiki es un acto de devoción, no una labor intencional. Y a partir de esa elevación vamos refinando la totalidad de nuestra vida.

3) No bien se ingresa al *Chiryo* (el tratamiento en sí) no hay más ideas concretas o abstractas, ni teorías sobre la armonización, ni especulaciones egocéntricas: hay Reiki, nada más que Reiki, con toda la maravilla de su manifestación.

Entonces se vuelven inequívocas las enseñanzas del maestro Usui. Usando sus términos: *Chiryo* (el tratamiento) se construye sobre *Reiji* (la devoción) y *Gassho* (la postura/actitud meditativa). Sólo cuando podemos dedicarnos a ello fuera de los prejuicios inducidos por el pensamiento o los sentimientos, sólo entonces, nos convertimos en un vehículo de la vitalidad universal.

---

1. *M. Usui y F. Arjava Petter.* Manual Original del Dr. Mikao Usui, *Uriel, 2000.*

Si bien la enseñanza Reiki no se ocupa de los significados que existen en el budismo esotérico, puede mencionarse que para sus cultores la mano derecha representa al sol y la mano izquierda a la luna. Asimismo, cada dedo representa a uno de los cinco elementos (y a la vez indica un referencial específico):

Pulgares: el vacío (la comprensión).
Índices: el aire (la actividad).
Dedos del medio: el fuego (la percepción).
Anulares: el agua (la receptividad).
Meñiques: la tierra (la forma).

Trayectorias sutiles

Como ejercicio respiratorio, *Gassho* puede practicarse indistintamente sentado o de pie, con los ojos cerrados. Es primordial que el ritmo de inhalación y exhalación sea apacible, normal. Si el meditador advierte que se encuentra agitado y respira de manera tensa, debe concentrarse primero en atenuar la situación, siempre con las manos en posición de plegaria. No bien lo logra, eleva lentamente sus manos por encima de la cabeza, con las palmas hacia lo alto, para que a través de las palmas ingrese a su cuerpo la energía Reiki. El tiempo que sienta necesario. Todo el ejercicio no tiene límite temporal, pero no debe tomar menos de cinco minutos. Luego vuelve a juntar las manos frente a su pecho. Seguidamente, con la inhalación, visualiza la entrada de Reiki por su coronilla y su descenso hasta el *hara* (centro vital situado en la vecindad de su ombligo). Cuando exhala, acompaña el flujo de Reiki desde el *hara* en ruta de salida hacia las palmas de sus manos. No bien finaliza esta práctica, separa las manos y las agita nueve veces.

Son variadas las trayectorias que el meditador *Gassho* puede trazar para experimentar itinerarios energéticos. Todo tipo de meditación consiste en el arte de aquietar el vértigo mental y permitir (aunque parezca paradójico) que el silencio se exprese con su máxima plenitud.

175

En general, desde las prácticas religiosas, la plegaria consiste en una conversación con la entidad Divina. En cambio, la meditación consiste en el acto de escuchar, de escuchar profundamente lo que el universo (o si se prefiere, Dios) tiene para compartir con nosotros.

Abrirse a Reiki durante la meditación es permitirle que inunde nuestro cuerpo con radiante energía sanadora. Algunos maestros indican que al iniciarla –en este caso de pie– dirijamos nuestra atención a la base de nuestra columna y el hueso sacro, o sea, el lugar donde la columna se une con la pelvis. Como se trata de un reservorio natural de energía, Reiki fluye con facilidad en tal región del cuerpo. A determinada altura de la práctica, cuando ya se han dejado atrás ampliamente todas las distracciones, es posible sentir (y eventualmente visualizar) el flujo de energía que se expande en todas direcciones. Se sigue inspirando y dejando que la vitalidad universal que ingresa sin cesar por la coronilla, descienda por la columna, y alcance el sacro. Al exhalar, es posible sentir cómo el cuerpo absorbe la intensidad radiante de Reiki. Se trata apenas del comienzo.

Las etapas siguientes, que consisten en irradiar los órganos vitales, debe hacerse en este orden (uno por vez): pulmones, riñones, hígado, corazón, bazo, páncreas y estómago. Quienes hayan cursado Reiki II hallarán que esta dinámica les resulta casi espontánea.

Cuando es el turno de los pulmones, se inhala llenándolos por completo con la energía vitalizadora. Se retiene el aire durante unos instantes a fin de que permee toda la región. Al espirar profundamente, uno se predispone a que todas las toxinas se retiren con el aire que sale. Para desintoxicarse así es preciso hacer de seis a nueve ciclos de inspiración-espiración. Luego se prosigue con los demás órganos. El orden establecido y el mismo número de ciclos contribuye a mantener la temperatura correcta de los órganos implicados. Una vez completada esta dinámica, el meditador se sienta y se relaja prestando atención a los sentimientos que despierta la energía Reiki. No se debe emprender actividades intensas después de este ejercicio. Corresponde que uno regrese primero a su estado habitual de conciencia, para retomar después sus tareas habituales. Si se lo practica diariamente durante dos semanas, el estado mental del practicante disfrutará con gran calidad cada minuto del día.

Gassho enseña el arte de apaciguar la mente y de crear puntos focales unitarios durante la actividad meditativa. Dado que en las yemas de los dedos confluyen múltiples terminales nerviosas y meridianos energéticos secundarios, su contacto (manos juntas) abre un campo de conexiones corporales que no dependen de la voluntad personal, sino que se entregan a la danza energética sanadora de Reiki.

Hay maestros occidentales que no inducen a la práctica *Gassho* y esperan que la iniciativa surja en sus alumnos cuando la dinámica Reiki los impulsa a querer ir más en profundidad. Saben que la meditación no está implantada en el marco cultural donde desarrollan su labor y, por lo tanto, prefieren que las cosas sucedan por su propia causalidad bioenergética.

Tampoco suelen introducir en sus conversaciones referencias sobre los *chakras* y el *aura*, tan comunes en la práctica de yoga. Eventualmente, recomiendan algún título de la vasta cantidad de libros existentes sobre tales temas.

En cambio, es frecuente que con el paso del tiempo, numerosos maestros de Reiki incorporen nuevas dinámicas de origen tibetano o japonés, a medida que siguen saliendo a luz nuevas facetas de la obra pionera de Mikao Usui. Ello no significa que se estén apartando de la tradición, pues todavía queda mucho por descubrir en Occidente sobre el campo de la energía biológica, que es una sola, más allá de las escuelas, las tradiciones y las denominaciones que ayudan a abordarla.

Capítulo 12

Pautas de conducta

> *Ahora mismo:*
> **no ofuscarme**
> **no preocuparme**
> **ser agradecido (humilde)**
> **perfeccionar mi labor (espiritual)**
> **ser bondadoso con todos.**

Llamadas indistintamente *preceptos*, *principios*, *normas* o *reglas*, según las diferentes escuelas de Reiki y las predilecciones de los traductores, las pautas de conducta formuladas por Mikao Usui constituyen, en base a una sencillez y una profundidad simultáneas, un basamento ineludible de su práctica sanadora. Las presentaba como un "método secreto para convocar bendiciones". Ello no se refiere a un ritual esotérico, sino que equivale a proponer la práctica de Reiki como un modo de vida. Si bien muchas personas que han cursado el primer grado de esta dinámica solamente se concentran en practicar la imposición de manos con el objetivo de resolver "problemas de salud", otros han prestado mayor atención a las enseñanzas de Usui y han incorporado sus pautas al resto de la vida cotidiana.

En primer término, Usui recomendaba recitarlas mental y verbalmente al comienzo y al final del día, colocando las manos en la posición de plegaria llamada *Gassho* (véanse mayores detalles en el capítulo 11). También pueden repetirlas mentalmente quienes realizan metódicamente alguna práctica meditativa. En Japón, los reikistas acostumbran a pensar en ellas a lo largo del día, pues se considera que al integrarlas al fluir de la vida cotidiana constituyen un recurso valioso cuando algún acontecimiento induce tendencias personales a la ira, la perturbación íntima o la descortesía hacia otras personas. Incorporarlas a la propia conciencia ayuda a descubrir los condicionamientos a los cuales estamos sujetos, especialmente en un mundo materialista donde las rutinas burocráticas ofenden los mejores sentimientos de las personas.

No ofuscarme

Mejorar la sintonía. Inmensa cantidad de energía personal se malgasta en "rabietas" porque algo no sucede del modo en que uno espera. Tal vez, porque algún hecho externo contradice la propia programación. Por ejemplo, una fila desmesurada en el banco justo el día en que es preciso hacer muchos trámites. O una arbitrariedad cometida por un pariente cercano o un compañero de trabajo.

Reiki enseña que en casos de este tipo –o cualquier otro que implique una dificultad– resulta preferible considerar que el inconveniente es una oportunidad única para revisar el modo en que se programan las labores cotidianas. O, quizá, la posibilidad de observar con mayor detenimiento el grado de solidez de nuestros vínculos con los demás.

Si algo produce distorsión, no hay que volverse parte de ella. El equilibrio mental no es una situación consolidada, sino que se construye paso a paso. Enojarse equivale a dejarse aprisionar por fenómenos que de una u otra manera ocurrirán por más que se anhele un mundo edénico.

Todo fenómeno de cada uno de tus días tiene la función de estimularte a mejorar tu sintonía con el mundo, el inmediato y el trascendental. Por eso, antes de que la cólera te aprisione, busca una salida compensatoria, cambia de itinerario, o planifica tus cosas previendo contratiempos.

Depurar impulsos. La ira es un complejo sentimiento humano que es preciso domesticar como a un animal salvaje. En cualquier momento de la vida de una persona, se producen hechos o fenómenos que pueden "despertar" a un bárbaro feroz anidado en las fibras profundas del ser. Algunos neurofisiólogos sostienen que se trata de un resabio del cerebro reptiliano de nuestra especie, no anulado por el proceso evolutivo. Desde la perspectiva Reiki, la admonición del maestro Usui convoca a nuestros mejores sentimientos para que depuremos tales impulsos tenebrosos mediante una labor consciente. Ello se logra primordialmente mediante el enriquecimiento progresivo de nuestras tendencias más nobles.

La introspección reflexiva, el cultivo del autocontrol basado en la meditación, y el desarrollo abierto de la compasión, constituyen algunas de las fuentes de una serenidad indistorsionable.

A primera vista, parecería un ejercicio intelectual. Pero en la práctica reikista, el fluir de la Vitalidad Universal actúa como un recurso depurador. Como si se tratara de la fertilización de un terreno que se pretende sembrar o la afinación de un instrumento musical. Uno es al mismo tiempo la partitura, el concertista y el director de la orquesta. Lo demás es aportado por la magna armonía cósmica, de la cual los individuos somos humildes semillas.

El modo apacible. Entre el disgusto moderado y la ira descontrolada que todo el mundo experimenta alguna vez ante las contrariedades que se presentan en la vida diaria, hay matices de infinita variedad y calibre. El "no ofuscarse" emana de una disciplina constante, no de una orden mental. Y no es algo que se practique apenas ante situaciones irritantes, sino que constituye una manera de existir.

Cuando Usui dio forma a las pautas de conducta, propuso un estilo cotidiano de vida. Que consiste estrictamente en no reproducir las disonancias circundantes.

La travesura de un hijo o la palabra hiriente de un vecino son situaciones inevitables del hecho de vivir. Es menester prepararse con anterioridad al momento en que cosas así o similares impacten la propia sensibilidad. Más allá del momento de canalizar conscientemente la vitalidad universal, Reiki nos permite ser y estar en el mundo de modo apacible.

Desde el momento de levantarse hasta la hora de ir a dormir, e incluso durante el sueño, es preciso serenar la mente. Ya sea meditando o mediante ejercicios respiratorios. Es como adquirir un ritmo sutil, una fluctuación armónica de los sentidos humanos que ayuda a no caer en conflictos vanos.

Flexibilidad. La rabia, el rencor o la hostilidad descomponen y finalmente destruyen todos los méritos que uno puede haber acumulado a lo largo de su vida. Para evitarlo, es preciso indagar cuáles son los mecanismos que detonan la ira, analizar cómo inciden en la distorsión de los procesos naturales del cuerpo y, finalmente, deducir las maneras de evitar que la furia domine nuestro comportamiento.

Para alcanzar semejante latitud del espíritu, en particular si somos seres que estamos lejos de haber alcanzado el tipo de iluminación que promueven muchas doctrinas orientales, el "no enojarse" consiste en mantener un estado de imperturbabilidad. O sea, no se trata de ver cómo manejar los estados de irritación, sino de construir, paso a paso, un estado de impermeabilidad a la misma.

El "ahora mismo" indica que se trata de un trayecto, algo que se va edificando día tras día, del mismo modo que crecen los sentimientos afectuosos o la sabiduría. Cuando se llega a tener plena conciencia de las cosas, y de las palabras y las actitudes ajenas que podrían enojarnos, descubrimos de inmediato la manera de evitar que actúen sobre nosotros de modo distorsionante. No creamos que es un estilo monolítico que nos distancia de las perturbaciones. Más bien, se trata de una flexibilidad paulatina. Una artesanía de la sensibilidad en pos de una estabilización cabal de las emociones.

No preocuparme

No dejarse aprisionar. Atormentarse ante sucesos problemáticos no los borra de la realidad. Sin duda alguna, toda situación difícil compromete tus sentimientos o tu raciocinio, pero antes que entregarse a una sensación de desdicha o culpar vehementemente a alguien por la complicación, es preferible que la asumas como un espejo. Si es más fuerte que tu capacidad de control, ello revela la existencia de una vulnerabilidad inconveniente. Si no es la primera vez que ocurre, es hora de revisar el nexo o la dinámica que lleva a tal inquietud.

La sabiduría Reiki destaca que no sirve abandonarse a la desazón, ni embestir contra los factores anómalos. Pero ¡atención! No preocuparse no significa volverse impermeable. Quiere decir que uno no se hace eco del suceso desagradable, no se deja aprisionar por él.

Hay muchas maneras de analizar el mismo problema. Tal vez en cierto momento uno no logre desprenderse de los impulsos que causan preocupación. Pero aunque se manifiesten, hay que ensayar mentalmente otras rutas alternativas de acceso.

El error de muchas personas consiste en que cuando se "preocupan", se culpan por la circunstancia o culpan por ella a otra persona. Cuando en verdad, la mejor medicina es el silencio higiénico. La distancia prudencial. A veces ayuda repetir mentalmente un *mantra* compensador: "esto pasará, esto pasará". Como si uno jugara a que no está metido en semejante batifondo.

Lecciones de vida. No obstante, uno de los errores más comunes de la mayoría de la gente consiste en obsesionarse por las dificultades que nos acometen sin cesar. Y para comenzar a entender tales fenómenos resulta preciso advertir que los inconvenientes son una especie de lección de vida.

Aparecen para desafiarnos en el interminable camino de la existencia para que no erremos el rumbo.

La práctica de Reiki puede volverse una fotografía donde los problemas se muestran del revés: da la imagen de su raíz conflictiva para que no nos convirtamos en un eco de ella. Que es el modo en que los "problemas" lucen como insolubles.

Cuanta más resistencia oponemos a los cambios que nos permiten crecer, más amenazadora parece volverse la vida. Hay gente que ante cuestiones abrumadoras suelen decirse "Yo no estoy aquí" y enfocan su mente en la situación favorable que les gustaría vivir. Por ejemplo, si uno pierde un trabajo, en vez de torturarse con una sensación de intemperie, es preferible imaginar el nuevo empleo que le gustaría conseguir. Es así que los mejores sueños se convierten en realidad.

"Despreocuparse" no es sinónimo de indiferencia: es no dejarse poseer por las imágenes negativas. Es abrirse a la maravillosa aventura del descubrimiento de lo difícil haciéndose posible.

Libertad y plenitud. El no preocuparse no debe confundirse con la desaprensión. Tampoco con una especie de venda sobre los ojos. La "preocupación" a la cual se refería el maestro Usui se refería tanto a las circunstancias que no es posible modificar, como a la imposible tarea que alguna gente emprende cuando trata de organizar las actitudes de los demás.

Hay una gran diferencia entre "preocuparse" como una forma de angustia desgastante, y el "pre-ocuparse" en estar siempre a tono con las exigencias de la vida en común.

Si uno camina por una vereda semidestruida y no puede evitarla, debe prestar atención a los obstáculos. Toda distracción abre la posibilidad de un traspié. Por eso, esquiva los puntos críticos. En la existencia de relación corresponde aplicar la misma conducta.

Solemos aferrarnos a causas perdidas en vez de centrar las energías en hacer fructificar los sectores fértiles de nuestra realidad personal y convivencial. Cualquier evento complicado nos pega porque somos criaturas sensibles, pero si uno se ha ocupado de tener en orden su jardín emocional, no corre peligro de que lo vandalicen las plagas anímicas. Reiki es un camino de libertad y de plenitud. *Pre-ocúpate*: nadie hará lo que tendrías que hacer.

Dinamismo. Las preocupaciones son un lastre, un peso muerto que impide que nos remontemos hacia estados más compensadores de la existencia. En general, surgen de nuestro desempeño en el mundo material del trabajo y de todo lo que se refiera a nuestra situación económica. Pueden existir, por supuesto, pesares conectados a los afectos, los estudios o las crisis político-sociales.

En inglés, *"to worry"* no es apenas "preocuparse", sino que también significa "afligirse" o "inquietarse". La ansiedad, el estrés o la angustia son males que en la era actual se multiplican de modo inconmensurable. En gran medida porque vivir en enormes conglomerados artificiales o en contextos urbanos alienantes induce a la despersonalización, la dilución de la propia identidad.

Cada vez que se advierten las vulnerabilidades de esa condición más inhumana que humana, surgen de forma avasalladora esos estados de desánimo que inducen a una precariedad socavante. Aquí resulta útil el consejo que reciben los aprendices de equilibristas: "sólo evitarás la caída cuando venzas el miedo a caerte".

Reiki nos brinda un recurso análogo: el confiarnos a la energía universal. Una cosa es la inquietud que genera anhelos de equilibrio o plenitud, y otra cosa es la pesadumbre que traba cualquier iniciativa de evolución. Somos seres dinámicos: la vitalidad Reiki es un combustible inefable.

Ser agradecido (humilde)

No somos perfectos. Esta recomendación tiene como destinatarios a nuestros padres, maestros o prójimos. Y convida a un acto de respeto. Conviene señalar que el término original japonés "agradecer" suele traducirse también como "honrarlos" dándoles las gracias. Ocurre que en la sociedad nipona la acepción *honrar* no posee el carácter solemne que singulariza a los occidentales. Más bien equivale a "ser digno de", posee connotación de agradecimiento incondicional.

Así como no somos perfectos, a nuestro derredor todos ostentan uno o varios defectos. Tratemos de no enjuiciar, así como no nos gusta ser juzgados por los demás. Lo complejo de la vida moderna es que así como algunos se dejan manejar completamente por los demás, otros juegan a ser como dioses y tratan de moldear al prójimo según su imagen y semejanza.

Ambas actitudes son improductivas y altamente destructivas. Usui nos recomienda que embebamos nuestras vivencias con la compasión, un remedio cabal para todo tipo de desafinaciones del comportamiento.

La sintonía de la vitalidad universal debe ir de la mano de una afinación constante de los recursos alternativos individuales. Es como el trabajo infinito del violinista que sin cesar va volviéndose *uno* con su instrumento, hasta que las fibras del ser y las cuerdas danzan hermanadas en un único pentagrama: la vida.

Ser como un festival. Los individuos excesivamente centrados en formas egoístas de vida suelen suponer que sus grandes conquistas son una especie de "derecho adquirido". Y cuando las cosas no se presentan bajo tal signo, se sienten traicionados por la existencia y de inmediato suelen ponerse hostiles con las personas más allegadas. Reiki es una escuela de humildad.

Cuando el maestro Usui resaltó este principio, quería manifestar a sus alumnos que la vida es un don que no esperábamos y en todo momento debemos manifestar algarabía por semejante dádiva del universo.

Pero no basta pensarlo. El gesto comprensivo, el halago al ser querido o al compañero de trabajo cuando se recibe apoyo, el reconocimiento cuando alguien nos enseña algo, la resolución de un dilema:

todo ello debe invitarnos a que hagamos resonar en nuestras almas un canto de retribución. Una palmada en el hombro, una flor o una sonrisa bastan a veces como expresión de agradecimiento.

En tiempos de convulsión social, no hay que temer ser tomado por idiota (o ser considerado "débil") por ejercer tal suavidad de conducta. La vida es un festival, no una batalla. Y cuando alrededor todo parezca estallar, hay que abstenerse de sumarse al estrépito, mediante un prolijo silencio.

Sabiduría celestial. La intensidad vital que emana del cosmos no se confunde jamás. Y la experiencia del reikista le brinda múltiples testimonios de la afinación a nivel universal. Los conflictos personales y los trastornos somáticos son consecuencia de las "disonancias" individuales. Estar vivo es una bendición de las potencialidades infinitas que sin cesar hacen que el universo sea una danza celebratoria de transparencias.

Agradecer, "dar gracias", no es algo que se practica como reconocimiento de algo que hemos recibido de otro. Cuando se "da Reiki", se está agradeciendo el don imponderable de la sabiduría celestial. Independientemente del nombre que cada cual utilice para identificarla.

Así como "ser compasivo" no es apenas tener actitudes de bondad y tolerancia hacia alguien, sino mantener encendida en el alma una llama constante de elevación espiritual, así el agradecimiento es un estado de armonización constante. Se agradece el alimento, el aire, la luz, la inocencia, la piedad, el amor, la lealtad. Simplemente, por medio de una plegaria interior: "gracias, oh gracias, por brindarme este privilegio".

Es más profundo y valioso el agradecimiento invisible y silencioso que el más pulido de los discursos mundanos.

Dar y recibir. En su libro *Reiki y el Buda de la Sanación*[1], la inspirada Maureen Kelly remarca que el maestro Arjava Petter traduce

---

1. *Maureen J. Kelly*. Reiki y el Buda de la Sanación, *Uriel, 2000*.

este precepto de Mikao Usui como "demuestra aprecio". Al mismo tiempo, agrega que Hawayo Takata lo expandió para que exprese: "Evalúa tus bendiciones, honra a tus padres, maestros y vecinos, e ingiere tu alimento con gratitud". Todas las interpretaciones se entrelazan y Kelly destaca que tienen en común la capacidad de ascender hacia nuestros impulsos más elevados.

A lo largo de nuestra existencia, nuestros progenitores, los mayores de nuestra familia y quienes fueron nuestros educadores, procuraron indicarnos el camino correcto y, al mismo tiempo, nos ayudaron a discernir la diferencia entre lo apropiado y lo aberrante. Todo ello incidió en la consolidación de nuestra identidad.

De allí que el sentimiento de "agradecer" no sólo se remita a los vínculos del pasado, sino que constituye un arquetipo para nuestras relaciones actuales y futuras.

En algún momento, cada uno de nosotros, ya sea con amigos, familiares en general, o los propios hijos, estará en condición de reeditar las enseñanzas recibidas en el pasado. La vida es un circuito donde se da y se recibe ilimitadamente. El contacto permanente con nuestros fundamentos "honorables" contribuye a la purificación de nuestras relaciones. Pues la calidad de nuestros nexos y la calidad de nuestro ser bordan sin cesar el rumbo de la vida.

Perfeccionar mi labor (espiritual)

En el jardín del alma. Aquí tenemos una expresión japonesa polivalente, ya que al mismo tiempo propone que te ganes la vida honradamente y que seas honesto (trabajes duro) contigo mismo. Algunos traductores resaltan que el maestro Usui se refería a un profundo principio ético, o sea: no recurrir jamás al engaño. Ganarse la vida no es apenas obtener el pan de cada día, sino justificar noblemente el hecho de haber nacido.

El sentido de la vida, la calidad de la existencia y la plenitud física, emocional, mental y espiritual constituyen un todo indivisible, son facetas de una misma entidad, y no secciones de una gran tienda de ramos generales. Reiki va enseñando accesos varios a semejante correlación de afirmaciones vitales. No es posible conquistar la felicidad haciéndole trampas a la existencia. En ello, el ejercicio de la meditación es un procedimiento clave.

Es erróneo suponer que para elevarse basta ser un canal de la vitalidad universal. Usui enfatizaba la importancia del refinamiento vivencial que sólo se alcanza a través de la práctica meditativa. De este modo, en el jardín del alma, se esfuman las plagas emocionales y las alimañas intelectuales.

Las cosas no suceden por azar. El aprendizaje de un oficio afín a los talentos naturales de la persona, o el tallado de una escultura hermosa, suele decirse, es resultado de "diez por ciento de inspiración y noventa por ciento de transpiración". Toda labor es trascendental, por más insignificante que parezca.

Nuestras vidas son al mismo tiempo como una masa de arcilla y como un bloque de fino mármol. Lo primero, por su ductilidad y flexibilidad, nos habilita para experimentar labores, sentimientos y conocimientos. Y precisamente por tal elasticidad es que podemos volver atrás y corregir los dichos y los gestos impropios. Lo segundo, permite grabar de modo indeleble las máximas supremas de la existencia.

Trabajar "duro". La admonición del maestro Usui enfatiza esta tarea. Se trata de una labor de toda la vida. Las "cicatrices" emocionales son resultado de una desafinación en tal terreno: la persona trata a su arcilla como mármol y viceversa. Así, grabamos mamarrachos en la piedra y esperamos que la arcilla actúe como cimiento de nuestro edificio vivencial. Perfeccionar la propia labor (o trabajar "duro") no quiere decir "sacrificio", significa determinación y prolijidad.

189

Todo lo que se hace, dice y piensa debe ser refinado como si se tratara de una obra de arte. Vivir es la experiencia artística suprema. Una situación de sintonía universal donde todo es posible en proporción directa a nuestras iniciativas conscientes.

Aplicar y recibir Reiki es algo que puede (y debe) ser parte de nuestra vida cotidiana en todo momento, no apenas cuando aparecen afecciones o molestias. Nos corresponde prestar atención, refinadamente, a cada faceta del acto de vivir.

Disciplina. Poner en práctica lo que se ha estudiado y aprendido, y las lecciones que surgen de nuestra vida familiar, escolar y social, es un requisito básico para hacer que el propio existir sea sinónimo de construcción. Dado que abundan en nuestra experiencia situaciones muy exigentes, es justo ahí que se verifica la solidez o la precariedad de lo que enunciamos en momentos de holgura.

La iconografía budista que inspiró este precepto permite, sin duda, otras interpretaciones. De ahí que al mismo tiempo aparece traducido en los Estados Unidos como "gánate la vida honestamente", pues en tal caso incidió en gran medida la tradición puritana protestante. Lo importante es prestar atención al fondo, no a los matices circunstanciales.

Y es entonces que debemos advertir que no todo se sujeta a las realidades del mundo material, sino que resulta preciso tomar en cuenta los vericuetos de la órbita espiritual. Por ello, también se traduce este principio como "poner honestamente en práctica lo que se aprendió". Lo cual es una faena inequívocamente ardua.

Convertir palabras en acciones y modelar incesantemente nuestra presencia en el mundo, es la tarea *dura* resaltada en este caso. No hay coartadas ni evasiones posibles. Y toda vez que relajamos la disciplina se produce lo que llamamos "fracaso", pues fuimos indolentes o perezosos.

Fervor de existencia. No hay cosecha sin esfuerzo. No se obtienen resultados sin trabajo previo. No hay luz si se cultiva la tiniebla.

Nuevamente resulta muy pedagógica la labor del escultor o del tallador. En el punto de partida tiene ante sí un bloque de roca bruta, arrancada del seno de una montaña distante, o un cubo de madera cruda. Por un lado, posee herramientas para esculpir o tallar. Por el otro, su inspiración y su dedicación harán que llegado el momento justo esa masa de piedra o madera sorda y muda se convierta en un objeto bello y expresivo. La vida personal es como una escultura.

En todas las enseñanzas del maestro Usui, el factor ético ocupa un lugar preponderante. Uno se gana la vida para mantenerse y para sustentar a su familia, pero esa faena va más allá del mundo material: le da sentido al hecho de estar vivo. El "sudor de la frente" no puede ir divorciado del "fervor de la existencia".

La práctica Reiki es como el acto de esculpir una roca o tallar una madera, paso a paso, minuto a minuto, siempre. Para el logro de la plenitud no hay atajos ni fórmulas mágicas. El sí mismo es un territorio que nunca se termina de conocer, porque no somos rígidos como una roca o un tronco de árbol, sino maleables como el agua del mar. Podemos ser un tifón destructivo o una ola estimulante. La elección es siempre nuestra.

Ser bondadoso con todos

Camino intermedio. La vida moderna y posmoderna forzó sobre los seres humanos una toxina desoladora: la intolerancia. La gente divide la realidad en casilleros extremos, contrapuestos: lindo o feo, tentador o descartable, razonable o estúpido, ortodoxo o hereje, etcétera. Reiki, como dinamismo vital incondicionado, nos enseña que en el universo todo cumple una función elemental. De esta forma, en la naturaleza vemos que lo que para unos ejemplares es excremento, para otros constituye su alimento.

Reiki nos induce a detenernos en la maravilla de las cosas que en general no son notadas. No se puede vivir en estado de tensión constante absoluta. En el circo, por ejemplo, la función del interme-

191

dio de los payasos consiste en preparar al público para una tensión mayor. No es posible engullir de un solo trago domadores, equilibristas, tragasables y saltos mortales.

Por ello, en medio de cuaquier vértigo urbano, entrar diez minutos a una iglesia o sentarse un rato sobre el banco de una plaza, para irradiar desde allí bondad hacia todos los seres vivientes, permite ejercitar una benevolencia incondicional altamente nutritiva.

Vivir en estado de excitación constante o en permanente desatención equivale a abrirle las puertas a fantasmas que se disfrazan de angustia, insomnio, abulia, paranoia o cosas peores. Lo que en el budismo se llama el "camino intermedio" constituye la clave de un desempeño generoso, donde uno no se aferra a ninguna de las partes en conflicto.

Sembrar transparencia. La vida en las metrópolis no invita a la armonía. Todas las miserias humanas desfilan por las calles. El desorden material, emocional y psíquico dibujan zonas espantosas. Y al mismo tiempo, la contaminación del aire, los ruidos y la descomposición del paisaje inducen al desconsuelo (como impotencia) y a la indiferencia (como autodefensa).

Todo reikista sabe que utiliza un recurso que no excluye a nadie, que está al alcance de quien se proponga ejercerlo. No se entienda "bondad" como un acto tontuelo para que cualquiera pueda abusar de nosotros. Para ser bondadoso hace falta ser agradecido. Y "agradecer" es abandonar el desagrado, la injuria, el odio y la mentira. Es predisponerse a los estados de gracia.

Basta ir por una calle peatonal y ostentar una sonrisa radiante, en vez de poner "cara de perro". Basta responder las groserías con gentilezas. Sólo eso ya implica un acto de bondad, pues no hay fuerza más irresistible que el bien ejercido con humildad.

Recuperaremos así lo mejor de la existencia cuando seamos muchos más los que ostentemos actitudes de plenitud pese a lo decadente del mundo actual. Basta mentalizarse en esta opción: ¿estoy naufragando en el Titanic o soy un sembrador de transparencia?

Benevolencia. Las grafías de todas las religiones se basan en un entramado donde lo "celestial" y lo "terrenal" aparecen proyectados en cada instancia de nuestra vida mundana. Este precepto toma como punto de partida la esencia espiritual primordial que impregna todo lo que hubo, hay y habrá en el universo. La denominación que cada teología le da a esa instancia suprema es menos reveladora que el núcleo incondicionado y supremo de la energía universal. Que no sólo sustenta la vida, sino también el itinerario de los planetas y los rituales infinitos del cosmos.

Si indagamos en profundidad los *mandalas* del budismo, o el árbol de la vida de la tradición judeo-cristiana, notamos que hay una confluencia sin par entre los conceptos de compasión, misericordia y piedad. La "bondad" trasciende del hecho de "hacer el bien". Consiste en no ensañarse con el débil y ayudarlo a crecer. Y consiste, también, en no someterse al poderoso ni volverse un juguete de sus antojos.

De allí que el sol, la luz o el fuego aparezcan en todas las tradiciones como símbolo emblemático de la plenitud y la generosidad. En su expansión no hay prejuicios ni reservas. Ser benevolentes equivale a brindarnos sin depender de qué dirán o de lo que eventualmente recibiremos como respuesta. Reiki nos enseña que la práctica cabal de las otras cuatro pautas de conducta conduce de manera sutil y gratificante a ésta.

La mejor "onda". Con Reiki, aprendemos a sumergirnos en el latido insobornable del universo, que actúa simultáneamente en el núcleo de las células y en la órbita de los planetas. Los tiempos en que nos toca vivir no son fáciles. Esta época abunda en desafíos intimidantes, porque no fuimos preparados para un mundo de cambios vertiginosos. Antaño, las estructuras sociales se proyectaban a lo largo de décadas. Ahora su solidez se mide en semanas o meses.

¿Qué entendemos por bondad? Esta es una pregunta crucial que tendríamos que formularnos varias veces por día. En general, el término se ciñe a una inclinación natural a "hacer el bien". O sea: hacer gala de impulsos benevolentes.

Pero esto no constituye apenas un criterio de conducta, sino que también se refiere a cuestiones de actitud. Por ejemplo, en medio de una reunión social o cultural, el tono general suele ser "poner cara de nada". Desplazarse con una sonrisa franca y mirando a los demás a los ojos con la mejor "onda", es también un modo sutil de Reiki. Siempre habrá alguien que tarde o temprano acusará recibo de ese mensaje *bondadoso*.

Todo reikista descubre, en algún punto de su itinerario, que es fundamental inventar modos irresistibles de la bondad: más allá de las palabras. Porque como la luz, tiene un poder ilimitado de conmoción, revelación y comunión.

CAPÍTULO 13

El grado de Maestría
Reiki III

E l acceso (conexión espiritual) definitivo al símbolo de la Maestría
Reiki, dice el maestro Arjava Petter, *«nos conecta conscientemente con la chispa divina, que está más allá de todas las palabras
y de todo lenguaje. Es el ser puro, el centro de la existencia que sólo puede encontrarse en el silencio absoluto, dentro y fuera»*. En los
dos niveles previos se aprendió todo sobre las dinámicas de aplicación
referidas a la sanación y las metas de relajamiento y purificación, de
manera totalmente **laica**, sin la obligación de abordar las facetas místicas que existen en las raíces de esta sabiduría milenaria. Si el iniciado no se siente expresa y vocacionalmente propenso a asumirse como
"iniciador" y maestro de otros, no debería considerar el ingreso a este
grado, que según numerosos maestros de Reiki requiere por lo menos
que se hayan cumplido previamente tres años de prácticas sanadoras
intensivas (en Occidente, algunos maestros requieren solamente un
año; mientras en Japón, el acceso a la Maestría toma gran parte de la
vida del aspirante, porque allí el *magisterio* se considera como algo
imponderable, sagrado).

Completada la faz preparatoria de este nivel, y decidido el acceso
al grado de *Maestría* (Reiki Master), el mentor del nuevo maestro
comparte con él (o ella) sus experiencias y conocimientos, le aporta
infinidad de pistas o consejos y, centralmente, lo introduce al núcleo

esencial de la enseñanza del sabio Usui, en particular las dinámicas para iniciar a otros en los dos niveles iniciales de la actividad. La experiencia no consiste en una *transmisión de mando* en el estilo frecuente de los juegos humanos de poder. Reiki no es cuestión de autoridad, sino de entrega a la sabiduría universal, que está más allá de las jerarquías y los delirios de grandeza.

La Maestría es una instancia de enorme seriedad y de vocación para servir a la humanidad. En este sentido, el maestro Mochizuki resalta que el cuarto símbolo conecta con la supraconciencia y transmite la luz: *«El uso de este símbolo posibilita el ser guiado por la supraconciencia, existencia de la Luz y la iluminación, y permite la conexión con tales energías, independientemente de que se esté consciente de ello o no... Incrementa la capacidad de percepción, el grado de despertar espiritual, de la elevación de la conciencia, trayendo aparejadas mayor paz espiritual y misericordia».*

Esta gama de consideraciones deben ser tomadas en cuenta por quienes se aproximan a Reiki por primera vez, para lo cual necesitan elegir a su maestro. Dada la abundancia actual de tendencias y de variedades, el poder intuitivo del aspirante le permitirá discernir fácilmente dónde está su lugar de inserción, porque todas las asociaciones reconocidas de Reiki ofrecen clases introductorias gratuitas. Claro está, todas ellas proclaman ser depositarias del Reiki *verdadero*, en un terreno donde la "verdad" resulta relativa, pues en Occidente se han incorporado muchas variantes que no estaban incluidas en las enseñanzas originales más difundidas del maestro Usui. Lo prioritario es advertir que toda escuela que repudie a otras escuelas o maestros no constituye una garantía de ecuanimidad y transparencia. Y dado que Reiki no forma parte de ningún ritual milagroso de sanación, cabe no dejarse ilusionar por presuntas terapias instantáneas. Asimismo, los maestros formados apropiadamente están en condiciones de exponer su *linaje* (línea cronológica de quienes han intervenido en su formación magistral). Cuando se completa el acceso a la Maestría, no se ha llegado a una meta: recién se ha podido concretar un punto de partida.

Desde allí (y esto rige también para los dos grados anteriores), es posible contemplar las múltiples facetas del significado de la sanación propiamente dicha, el papel (y la responsabilidad) de los sanadores en un mundo tan convulsionado, las posibilidades de interactuar (complementariamente) con otras disciplinas de sanación y curación, los polifacéticos significados del ejercicio de una Maestría asumida y de las nuevas responsabilidades con los principiantes, y la creciente confluencia de las tradiciones terapéuticas orientales y occidentales. Obviamente, no es probable que los maestros estadounidenses, europeos y sudamericanos vayan a establecer "relaciones de intercambio" con la Sociedad Usui de Japón (tema para nada incorporado a la agenda de los reikistas japoneses).

Tradiciones vivenciales

Los maestros estadounidenses Linda Keiser Mardis y Arthur Lowell Mardis han destacado que las diferencias culturales, lingüísticas y generacionales (Reiki es una creación iniciada hace un siglo) inciden en que muchas personas nacidas y educadas en el Occidente posmoderno no alcancen a discernir la naturaleza y los detalles del método que Usui brindó al mundo. Reiki tiene sus raíces inequívocamente en la tradición budista. Pero también ha evolucionado según la creatividad de numerosos maestros japoneses y occidentales contemporáneos.

Para ayudar a situarlo, los maestros Mardis elaboraron una tabla que en resumidas cuentas define así las cualidades de la sanación Reiki según Usui:

- **Lazo histórico:** conexión con pautas de enseñanza y tratamiento que se remontan hasta Mikao Usui (1865-1926), investigador, sanador y maestro durante la Era Meiji (1868-1912) en Japón.
- **Paradigma educativo:** sistema de transmisión de informaciones esenciales mediante el uso de representaciones ideográficas o símbolos.
- **Conexión energética:** una disciplina para tener acceso a energías sutiles por un proceso de imposición de manos.

- **Modalidad sanadora:** método para nutrir la recuperación y la aceptación de la integridad.
- **Terapia holística:** manera de tratar a la persona entera apuntando a condiciones imperceptibles, así como a síntomas manifiestos.
- **Técnica equilibradora:** medio para proporcionar estabilidad a situaciones de desequilibrio físico, mental, emocional y espiritual.
- **Práctica espiritual:** uso de ceremonias que producen experiencias de energía personal incentivada (*ki*) y percepciones elevadas de la potencialidad espiritual universal (*rei*).
- **Activación intuitiva:** despertar de un conocimiento interno sentido vibracionalmente en vez de ser logrado intelectualmente.
- **Disciplina mística:** modo de participar en realidades extraordinarias, trascendentes.
- **Senda enigmática:** un rumbo con cierto misterio en vez de algo lógico, una historia en vez de un análisis, un espíritu en vez de una ciencia.
- **Desafío mental:** convocatoria a buscar nuevas comprensiones de la sanación, del espíritu y de la energía.
- **Matriz metafísica:** un receptáculo para conceptos que están más allá de la explicación según las categorías de pensamiento científico occidental.

La tarea de los maestros Reiki consiste primordialmente en preservar y diseminar las formas y los estilos tradicionales del método. Esto les exige un esfuerzo permanente para entenderlos, reavivarlos, vivir en consonancia con ellos, resistir la tentación de alterarlos en base a opiniones personales o presiones del entorno cultural, y mantenerse alertas y permeables ante la aparición de nuevos (antiguos) materiales relacionados con las investigaciones y los descubrimientos originales del maestro Usui.

Quienes practiquen y enseñen métodos terapéuticos que sean parecidos a los de la Escuela Usui de Sanación Natural y que incluso luzcan como inspirados por ella, sin incluir las dinámicas y los principios fundamentales de Reiki, no pueden ser considerados como parte de su tradición. Esto no invalida sus potenciales sanadores ni descalifica a sus cultores, pero no deberían entremezclarse y correspondería que se desarrollen y enseñen de manera autónoma.

Linda y Arthur Mardis han dicho que en Occidente «*muchas perso-nas gravitan hacia la palabra **reiki**, porque piensan que significa sanación o un modo particular de sanar; o tal vez porque suena exó-tica, esotérica o misteriosa; o quizás porque es una manera de ma-nejar sus incertidumbres sobre la naturaleza, la eficacia y las termi-nologías de la imposición de manos. Otras personas la usan como sinónimo de "manos que sanan". Sin embargo, el término **reiki** no es un sinónimo de la Escuela Usui*». Cabe tener en cuenta que en Ja-pón, la expresión *reiki* se aplica a múltiples prácticas que no poseen la mínima vinculación con las enseñanzas de Usui.

Según la tradición Usui, los maestros son docentes de las formas, cuidadores de las almas, amantes de la humanidad, humildes y eternos estudiantes de la energía del universo. Son personas que se comprome-ten a una vida de enseñanza y aprendizaje donde sea que se las convo-que. Personas que son llamadas a practicar la maestría en cada aspec-to de sus vidas; que honran las tradiciones de la enseñanza y las llevan reverentemente en sus manos y en su corazón. Personas que han com-pletado un largo período de capacitación con un mentor que también es un Maestro del Método Usui, que han gastado mucho dinero en su formación, tanto como símbolo de su compromiso como evidencia de su clara percepción del mundo material. Y que a todas luces dan mues-tra de una maestría en referencia a la tradición Reiki y a sus propias vi-das, dedicándose a la autosanación y a la facilitación de la autosana-ción de los demás.

La tradición Usui

A continuación se condensan las formas, las disciplinas, los precep-tos y las prácticas que caracterizan a los Maestros de la tradición Usui:

- Han sido formados e iniciados por un Maestro experimentado según el método Usui.
- Honran, respetan y sustentan la visión y la herencia de Mikao Usui.
- Integran las cinco pautas de conducta de Usui a su vida cotidiana.

- Practican la disciplina de la sanación Reiki dando y recibiendo tratamientos, y dictando clases.
- Reciben de cada estudiante, en cada nivel del aprendizaje, un honorario que refleja el valor, el método y el compromiso del Maestro con él.
- Honran y mantienen la tradición oral de la enseñanza del método de persona a persona.
- No alteran las bases y las modalidades del Método Usui de Sanación Natural, sino que más bien tratan de entenderlo más y más mediante sus años de práctica.
- No incorporan principios, conceptos o prácticas de otras disciplinas ajenas a Reiki en sus labores de enseñanza.
- Consideran como sagrados los símbolos y las iniciaciones del método Usui.
- Mantienen elevados parámetros profesionales y éticos.
- Anhelan un permanente crecimiento personal, profesional y espiritual.
- También buscan alcanzar y evidenciar maestría en todos los aspectos de su vida.

En el curso de su propio camino de capacitación, a través de la práctica intensiva de Reiki, sus Maestros asumen formas y disciplinas precisas sobre tres área de acción: 1) el propio entrenamiento para la Maestría; 2) el dictado de clases; y 3) la formación de Maestros. A saber:

1) Por lo menos han dedicado el mínimo de un año al entrenamiento para la maestría después de haber completado el curso de Reiki II, y han pasado un tiempo considerable practicando las dinámicas sanadoras. Han concretado su compromiso monetario durante esa capacitación, lo cual da muestras de la profundidad de su comprensión del valor y del respeto hacia el método. Mantienen un vínculo transparente con el Maestro que los inicia.
2) Se ciñen a las modalidades didácticas de la tradición Usui. En Reiki I enseñan los orígenes de Reiki, los cinco preceptos del maestro Usui, y las posiciones de las manos para uno mismo y los demás. Intervienen en las cuatro ceremonias de iniciación

con cada estudiante de Reiki I. En Reiki II (enseñado por lo menos de tres a seis meses de Reiki I) enseñan los tres símbolos y su uso. También intervienen en la iniciación de cada estudiante de este grado.

3) Enseñan y practican varios años antes de aceptar un candidato a la Maestría, pues saben que el tiempo y la experiencia son fundamentales a fin de alcanzar la madurez requerida para capacitar e iniciar a otro Maestro. Dedican por lo menos un año entrenando y guiando a cada candidato a la Maestría, luego de que completó su curso de Reiki II. Reciben de este candidato su compromiso financiero que indica su valoración y respeto por el Método Usui (la señora Hawayo Takata, en los Estados Unidos, estableció un valor de diez mil dólares, que en otras latitudes no se toma en cuenta). Intervienen en la ceremonia de iniciación de cada candidato a Maestro y establecen en perspectiva una relación de respeto mutuo con cada Maestro que capacitan e inician.

Todo Maestro docente de Reiki, es iniciado por su mentor durante un curso que puede tomar entre dos a cuatro días, según la modalidad que éste haya determinado. Dado que el candidato ya ha pasado un período importante como Maestro aspirante (o Reiki IIIA), esta etapa permite repasar (conversar en profundidad) la gama de responsabilidades implícita en la iniciación y el significado de la misma para la propia vida. La maestría en sí constituye una progresión de *grados* o de ciclos evolutivos que el flamante Maestro reeditará cuando le toque iniciar a otros Maestros que a su vez proyectarán el linaje Usui en el tiempo y el espacio.

Con el paso del tiempo, la línea original que llegó a Occidente vía Hayashi-Takata (efectiva, pero en gran parte distanciada de las instancias intuitivas de Usui) ha ganado matices complementarios que oscilan entre las dinámicas *Karuna Reiki* y *Buddho Enesense* (que se enseñan optativamente) y que algunos maestros han adoptado como acceso a las potencialidades Reiki que Usui no alcanzó a desarrollar.

201

En el que probablemente sea el más amplio trabajo informativo realizado sobre Reiki en Occidente, donde confluyeron tres de los maestros que más lo exploraron[1], y que incluye una amplia selección de los lúcidos poemas del emperador Meiji, William Lee Rand expresa: «*El poder superior es ilimitado por naturaleza. Esto quiere decir que de él puede surgir energía en forma ilimitada. Cuanto más nos entreguemos al poder de Reiki, tanto más profunda será la sanación por medio de la conciencia superior, de la cual Reiki emana. Al hacerlo estaremos en mejores condiciones de tener, sujetar y ampliar esa conciencia superior en nuestro cuerpo físico. Canalizaremos energía de Reiki de un valor siempre superior, cuyas curaciones serán cada vez más significativas. Esta energía se volverá tan poderosa que finalmente el velo de la ilusión que hoy nos impide reconocer nuestra verdadera naturaleza, será atravesado, disuelto y liberado. De esta manera, primero sólo un par de personas, pero luego más rápidamente más y más personas alcanzarán el "satori" (una experiencia iluminadora) y se reconocerán a sí mismas. Este estado espiritual superior, que hasta el momento sólo muy pocas personas sobre la Tierra han experimentado, será algo normal para todos. Entonces nuestra misión como especie humana estará cumplida: la paz, el amor y la libertad del poder superior tendrán influencia preponderante sobre este planeta y Reiki habrá cumplido su propósito divino sobre la Tierra*».

---

1. *Walter Lubeck, Frank Arjava Petter y William Lee Rand.* Das Reiki Kompendium, *Schneelöwe Verlag, 2001. (Editado en la Argentina como* El Espíritu de Reiki, *Uriel, 2001.)*

CAPÍTULO 14

Reiki para el siglo XXI

El nexo entre la espiritualidad y la salud es una región no demasiado explorada de la condición humana, fuera de los estereotipos institucionales religiosos o médicos. No obstante, durante los últimos años han venido acumulándose estudios y evaluaciones que a esta altura permiten efectuar algunas consideraciones interesantes. Nada de ello apunta a elaborar una nueva teoría terapéutica, pero tampoco resulta posible pasar por alto evidencias por demás significativas. Repasemos algunas de ellas.

En muchas clínicas y hospitales de los Estados Unidos, el cuerpo médico comprueba sin cesar que las enfermeras de esos establecimientos realizan imposición de manos a pacientes específicos, a veces desde el nivel Reiki I, o sino mediante una práctica llamada *toque terapéutico*. En otros casos, especialmente con pacientes cardíacos dados de alta después de un cuadro crítico, otras enfermeras realizan para ellos plegarias a distancia, sin que ello haya sido indicado por alguno de los cardiólogos.

Por otra parte, una supervisora notó que algunos asistentes sociales están empezando a cotejar la relación entre la concurrencia a servicios religiosos en alguna iglesia y la longevidad. Y uno de los hallazgos más llamativos de tal análisis socio-terapéutico fue publicado en la edición Agosto 1999 de la revista *Gerontología y Ciencias Médicas*. El estudio de campo abarcó a unos cuatro mil residentes en el estado de Carolina del Norte, entre los sesenta y cuatro y los ciento un años, y permitió deducir que los individuos que asisten a un servicio religioso por lo menos una vez a la semana tienen una expectativa de vida mayor que quienes lo hacen muy raras veces.

El doctor Harold G. Koenig, psiquiatra del Centro Médico de la universidad de Durham en ese estado de la Unión, autor de la investigación, remarcó que la misma se efectuó durante seis años y dio como resultado esta proporción: los que nutren su espiritualidad tienen una tendencia del 46% menor al fallecimiento que quienes no lo hacen.

Del mismo modo, investigadores de la universidad de Pennsylvania efectuaron el seguimiento de ciento setenta y siete pacientes externos del hospital institucional y comprobaron que el 94% de quienes adhieren a algún credo religioso sienten que los médicos deberían interesarse en su *salud espiritual*.

Rhonda Oziel, bibliotecaria de cincuenta años de la ciudad de Washington y asidua concurrente a consultorios externos por variados malestares crónicos, narró con agrado una experiencia que jamás había tenido antes con los médicos: *«Lo usual es que te pregunten si eres alérgica, qué intervenciones quirúrgicas tuviste, si consumes alcohol, cigarrillos, cafeína... y cosas por el estilo. Pero de repente, la doctora se apartó de ese libreto y me preguntó si yo me consideraba una persona espiritual o religiosa, y en qué creencias me apoyaba durante los momentos difíciles. Esa charla me hizo sentir muy bien, porque por primera vez me trataban como a un ser humano y no como a un espécimen médico».*

El auge de este tipo de sucesos ha encaminado en varios hospitales de universidades estadounidenses la iniciativa de recomendar a los médicos internos que, además de componer la historia clínica convencional de los pacientes, consignen también su historia espiritual.

En el caso de la señora Oziel, ella respondió: *«No acostumbro a rezar con frecuencia, pero sé que en el mundo hay un espíritu que me tiene en cuenta»*. Cuando meses después falleció su marido, no vaciló en debatir con su doctora el dolor por la pérdida y qué les espera a todos después de fallecer. Ese diálogo no se remontó demasiado, pero le aportó a la paciente el tipo de consuelo que necesitaba. También ocurre que ciertos pacientes agnósticos se irritan si el médico los interroga sobre su fe y lo acusan de tratar de *evangelizarlos*.

Se dan con mayor frecuencia casos en los que doctores en medicina incorporan a sus conocimientos la maestría Reiki. Entre ellos se distingue una médica de Michigan, la Dra. Nancy Eos, autora del libro *Reiki and Medicine*. Expresa allí que *«con Reiki me convertí en una doctora feliz y serena... aunque no siempre su práctica produce resultados predecibles, pero los que se obtienen son poderosamente buenos, maravillosos. Son desenlaces que no pueden imaginarse ni concebirse. Pulmones que se expanden pese a un serio trauma torácico. Arritmias cardíacas que se revierten. Rabia que cede ante la comprensión. Toxicómanos satisfechos con una suave píldora para dormir. Procesos de infartos que dejan de avanzar... Yo jamás hubiera creído algún hecho así si no los hubiera experimentado personalmente... Mi vida y mi medicina han cambiado de manera drástica»*.

La temática referida a los beneficios médicos de la fe está abierta a múltiples consideraciones. La evaluación de cuarenta y dos estudios que involucraron a más de ciento veinticinco mil pacientes, publicada en la edición de junio 2000 de la revista *Health Psychology*, remarcó que si bien es cierto que hay mayor longevidad entre los creyentes, no resulta sencillo asumir que ello se deba a la fe religiosa, o en cambio a la riqueza de los intercambios personales en el seno de la comunidad, lo cual impide la soledad, la angustia y la sensación de abandono.

A su vez, dos tercios de los pacientes estudiados en Pennsylvania sostuvieron que si los médicos los interrogaran con más frecuencia sobre sus vivencias espirituales, eso incrementaría su confianza en ellos.

Daniel Sulmasy, director del Instituto de Bioética del Colegio médico de Nueva York (adscripto a una universidad católica) comentó:

«Después de todo, lo que se enferma no es apenas el cuerpo». Toda enfermedad plantea cuestiones sobre el significado y los valores de tipo espiritual y religioso. No es casual que en todos los grandes establecimientos médicos haya una parroquia.

Espiritualidad y medicina

La doctora Christina Puchalski, directora del Instituto Nacional de Investigaciones sobre el Cuidado de la Salud, observó que *«estamos tratando de entender cuáles son las cuestiones que les importan a nuestros pacientes, y el modo en que tales creencias o valores pueden incidir sobre su modo de enfrentar la enfermedad».* Para encaminar dicho abordaje, la médica diseñó un esquema de cuatro preguntas concebidas para apreciar el sistema de creencias del paciente, incluyendo lo referido a su naturaleza, su filosofía de vida, su familia y su comunidad, además de su religión, si practica alguna. Lo denominó Acceso Espiritual y ya se enseña en 64 facultades de Medicina de los Estados Unidos, incluyendo la John Hopkins y Harvard.

La doctora Puchalski, que bautizó a su sistema como FICA (iniciales de *fe, importancia/influencia, comunidad* y *abordaje*), cree que a los médicos de Occidente no se les suelen enseñar direcciones espirituales, y su idea consiste simplemente en abrir las puertas para el debate, ya que existen pacientes que llegan a consultorio convencidos de que su mal es *un castigo de Dios.* En estos casos, el doctor puede derivar a tal paciente a un clérigo o a un consejero especializado, del mismo modo que se hace cuando se verifican abusos sexuales o conflictos de violencia familiar.

En lo referido a la fe o las creencias del paciente, la pregunta central se refiere a si se considera espiritual o religioso, y qué le da significado a su vida. Si el paciente no se manifiesta interesado en ese tipo de indagación, el médico da por concluido de inmediato el cuestionario. En un segundo tramo, si el tema no se abandona, se le pregunta cómo cree que sus creencias inciden en su proceder durante la enfermedad, y qué papel juegan para ayudarlo a recobrar la salud. El tercer interrogante gira en torno a su pertenencia a una comunidad espiritual o religiosa, y en tal caso, si hay en ella alguien que pueda apoyarlo durante el período de la enfermedad. Finalmente, el médico pregunta: ¿qué puedo hacer yo, su doctor, para sustentar el recurso espiritual durante la recuperación de su salud? Y para dar una idea de que no se trata de un test psicológico, la doctora Puchalski advierte que el esquema FICA no debe durar más de dos minutos.

Sin embargo, no se trata de un tema sencillo, pues la comunidad religiosa estadounidense ya puso su grito en el cielo y sostiene que la espiritualidad y la medicina son dos terrenos que no deben mezclarse. Varios capellanes confiaron tales objeciones a la revista *The New England Journal of Medicine*.

Uno de los impugnadores más severos, el filósofo Richard P. Sloan, manifestó que *«los médicos no deben recetar actividades religiosas, pues si lo hacen se debilita la ciencia y se superficializa la religión. La medicina clínica debe quedarse fuera del tema religioso, porque lo trivializa como si fuese una dieta de bajas calorías. Los clérigos tienen años y años de formación en el tema espiritual, y los médicos no».*

En cambio, el prominente cardiólogo Michael Sabom, indicó con firmeza que *«conversar con el paciente acerca de su espiritualidad puede incentivar su potencial para vivir una vida más sana. Por supuesto que el nexo no se ajusta a lo que se denomina rigor científico, pero sin duda alguna lo espiritual tiene impactos variados en la salud humana con parámetros muy diferentes. El médico no tiene delante una parte de una persona, sino a un paciente entero, y a veces su enfermedad posee componentes personales, sociales y espirituales. No se trata de hacer proselitismo en una u otra dirección».*

En medio de esta creciente polémica, se multiplican en los Estados Unidos las iniciativas científicas para discernir el poder de la plegaria y de la fe religiosa en los procesos para recuperar la salud y el bienestar, en especial con pacientes que experimentan desórdenes mentales. Varios observadores recuerdan que durante el siglo XX la medicina y la religión permanecieron distanciadas entre sí, carcomidas por mutuas sospechas. Aunque durante la última década se vienen intercomunicando a partir de una creciente convicción: la espiritualidad y el cuidado de la salud pertenecen a la misma órbita. En este sentido es conocida la corriente terapéutica centrada en el cuerpo-mente, y hay centenas de libros que expanden sin cesar el concepto de medicina *holística* (integral).

Walter Lübeck, maestro alemán de Reiki, ha dicho que «*los seres humanos podemos empezar por fin a desarrollar actitudes de responsabilidad personal. En virtud de esta evolución desaparecerán las rígidas estructuras de poder y los movimientos de masas propios de la vieja era... Reiki nos anticipa una porción de esos **nuevos tiempos**, aunque la mayoría de quienes se interesan por él no sean conscientes de ello. La medicina natural, de la que Reiki forma parte, no pretende suplantar a la medicina ortodoxa, sino complementarla y ayudar en todos aquellos casos donde no sea suficiente.*»[1]

Si se revisa la historia médica norteamericana, se verifica que antaño no hubo controversias entre la religión y la psiquiatría. Las primeras instituciones psiquiátricas fueron establecidas por un grupo religioso, los cuáqueros, que en vez de usar el concepto *tratamiento psiquiátrico*, hablaban de *tratamiento moral*. Como dato singular, otro estudio comprobó que actualmente un 96% de la población estadounidense afirma que cree en Dios o en algún poder superior, pero al medirse la tendencia entre los psiquiatras se verificó que la cifra no excede el 76%.

Brian Vanderberg, profesor de psicología clínica en la universidad de Missouri, llegó a la conclusión de que las visiones espirituales o religiosas del terapeuta no afectan necesariamente su capacidad para trabajar con pacientes en estado de *emergencia espiritual*. Pero hay otros factores que inciden en la enfermedad mental y en el vínculo terapeuta-pa-

---

1. *Walter Lübeck.* Reiki: el camino del corazón, *Sirio, 1994.*

ciente, como sus raíces étnicas o el género al cual pertenecen. Y comenta: *«Como terapeutas, debemos estar atentos, pues se trata de un asunto más complejo de lo que parece. Porque puede venir un paciente que asegura que oye la voz de Dios... ¿está loco o es alguien muy religioso? Además, puede tratarse de un cristiano que une el concepto de salvación con el tratamiento mental, o de un inmigrante haitiano embebido en la tradición del ritual vudú. Debemos efectuar la evaluación de todos los aspectos de cada caso, el espiritual, el médico y el psicológico. Una persona no es apenas un organismo biológico. Y no todos los casos pueden resolverse mediante la religión, la psiquiatría o la medicación. Reitero: el paciente es una persona entera, y esto significa que posee un cuerpo, una mente y un espíritu. Por eso, la salud es el logro del equilibrio, no el imperio de una de las partes».*

El resto se presenta como una polémica sin fin. Grupos de voluntarios cristianos que creen en el poder sanador de la plegaria, la practican con pacientes cardíacos y aseguran que los ayuda a salir con más soltura de situaciones críticas causadas por los dolores torácicos o infecciones como la neumonía. Ante ello, algunos médicos opinan que se trata de conjeturas sin validez científica. Pero las enfermeras del Hospital General de San Francisco replican que gracias al acto de rezar metódicamente, muchos pacientes bajo tratamiento cardiológico recibieron su alta con mayor rapidez. Eso sí: nadie tiene manera de demostrar, por ahora, si la mejoría fue estimulada o no por la plegaria. Para tomar el pulso "vivencial" no hay fórmulas ni instrumentos. De modo que en tanto los profesionales médicos discuten, las enfermeras aportan lo suyo y afirman: *«Entre hacerlo y no hacerlo, elegimos hacerlo. Hasta que nos demuestren que es algo perjudicial».* Creen que eso no sucederá jamás.

Y sin emitir opinión, observan otra polémica creciente en el mundo terapéutico: la separación entre los conceptos de *sanación* y de *cura*. Ya hemos puntualizado que los sanadores naturales sostienen que *sanarse* es recuperar la integridad. Mientras que *curarse* es recuperarse de una enfermedad o un padecimiento. Una persona puede "curarse" de una enfermedad, pero eso no significa que haga los cambios necesarios para recuperar la integridad. Puede persistir en hábitos y conductas destructivas, y nunca alcanzar la paz interior y el entendimiento que surgen de la sanación integral. Y es aquí donde la medicina y las religiones o credos entablan el más álgido de los debates. En definitiva, la última palabra deberían tenerla los *pacientes*. Que en verdad no siempre están en condiciones de discernir si lo que necesitan es un consejo o un antibiótico.

Toshitaka Mochizuki, maestro japonés de Reiki, vaticina que *«el siglo XXI será el siglo de mayores cambios en la historia de la humanidad... Durante los años venideros ocurrirán diversos fenómenos, y quienes los superen podrán presenciar una era de alta espiritualidad, única en nuestra historia. Reiki no es una técnica terapéutica, sino una práctica que permite a cada cual controlar su salud bajo su propia responsabilidad. Hay quienes predicen que en el siglo XXI la humanidad estará libre de las enfermedades. Reiki es una herramienta para que se cumpla tal predicción. No es una respuesta a los síntomas, sino que incrementa la capacidad innata de autocuración en forma global. Como resultado, frecuentemente se presentan mejorías de las enfermedades, pero su misión principal es impedir la aparición de la enfermedades latentes, la "pre-enfermadad", y su última etapa u objetivo es posibilitar que se alcance la iluminación».*[2]

Tiempo de integración

Según un informe del Instituto Nacional de Salud (NIH – *National Health Institute*), en gran parte de los establecimientos médicos de los Estados Unidos se están reformulando radicalmente conceptos antiguos y unilaterales sobre el arte de curar y sanar. Por un lado, se van abandonando las denominaciones de "holístico" o "alternativo" que identifican prácticas no ceñidas a los parámetros académicos. Y al mismo tiempo, bajo la denominación **Medicina Integrada** empiezan a convivir complementariamente múltiples prácticas de raíz milenaria –entre las que se destaca Reiki– y muchas técnicas modernas.

---

2. *Toshitaka Mochizuki*, Manos curativas, *Uriel, 2000.*

Por consiguiente, en EE.UU., infinidad de hospitales provinciales y nacionales, así como clínicas privadas de primera línea, van entrando en una tendencia ya bastante avanzada en Europa, que deja totalmente de lado una serie de prejuicios contra prácticas armonizadoras que han demostrado con amplitud su potencial terapéutico.

La circunstancia se produce en momentos donde puede advertirse a nivel masivo un auge de las tendencias personales hacia recursos de salud antes objetados por los funcionarios estatales, así como lo hicieron alguna vez contra la Homeopatía y la Acupuntura. En definitiva, la Medicina Integrada está obteniendo carta de ciudadanía.

Un análisis estadístico efectuado por el NIH estadounidense reveló que, a nivel mundial, del diez al treinta por ciento del cuidado de la salud humana corre hoy por cuenta de doctores diplomados que se basan en las ciencias biomédicas convencionales, los recursos farmacéuticos y las tecnologías de punta.

El resto de la población recurre en diversa medida a principios básicos del cuidado de la salud que surgen de las tradiciones de cada país. Es decir, los recursos preventivos y/o terapéuticos provienen de personas que mantienen vivas sabidurías muy antiguas, y que en vez de apoyarse en fármacos industriales o tecnologías sofisticadas, utilizan hierbas medicinales de probado efecto sanador o dinámicas terapéuticas naturales.

Al estudiar este fenómeno, el NIH resaltó que muchos practicantes de las antes llamadas "terapias alternativas" han perfeccionado sus saberes mediante cursos dictados por calificadas instituciones *holísticas* que con el paso de los años enriquecieron sobremanera las actividades que hace tiempo mucha gente emprendía de modo intuitivo.

En lo referido al Reiki, médicos y enfermeras de los estados de Nueva York, California, Michigan y Arizona destacaron que están concurriendo a las asociaciones que enseñan los tres niveles de la práctica fundada por el maestro Usui, para aplicarlas en sus labores terapéuticas cotidianas. En general, resaltan que sus pacientes se "curan" con menos dolor y se reponen con mayor rapidez.

En el hospital de la universidad de Michigan, en la ciudad de Ann Arbor, fue creada para las enfermeras reikistas la clasificación de Enfermera Sanadora (Nurse Healer). Ahora, en abundantes listas oficiales de servicios de salud es frecuente el uso de cinco referentes principales:

1) médicos de cabecera

2) quiropraxis

3) acupuntura/medicina tradicional china

4) naturopatía/hierbas medicinales

5) práctica Reiki.

El doctor Marc Micozzi, médico clínico y antropólogo, ex co-presidente del cargo nacional Surgeon General (equivalente en EE.UU. a Ministro de Sanidad), comentó que *«la ciencia debe abstenerse de usar las categorías* **institucional** *y* **alternativo***, pues ambas representan sistemas completos de pensamiento y de práctica».* Y añadió que *«en el futuro será necesario ejercer la tolerancia y el pluralismo médico, lo cual implicará un cambio en la relación médico-paciente, pues la salud no es algo que se le concede a alguien. La* **salud** *es algo que debe procurarse, todo individuo tiene la responsabilidad de mantenerse sano, de mejorarse cuando está enfermo, y de enfocarse en su propia capacidad de cuidarse a sí mismo».*

De todos modos, los cultores estadounidenses de la Medicina Integrada resaltan que el gobierno federal gasta anualmente más de diez mil millones de dólares para subsidiar las investigaciones médicas de alta sofisticación, mientras que en toda la historia de EE.UU. se gastaron apenas unos veinte millones de dólares en las medicinas llamadas *alternativas*. En este sentido, la Oficina de Medicina Alternativa (OMA) del NIH realiza esfuerzos considerables para superar ese abismo presupuestario.

A tal efecto, la OMA impulsa programas para el uso de técnicas de relajación y meditación en el control de la presión arterial, y una evaluación de productos naturales útiles para apoyar a los enfermos de cáncer. El doctor Micozzi observó que algunos de sus colegas usan la definición **Medicina Ecléctica** y recurren a prácticas otrora desdeñadas por la medicina tecnocrática.

Y concluyó: «*Las terapias antiguas que más me interesan representan sistemas integrales de pensamiento y de práctica, donde dicha práctica emana de un modo completo de pensar la salud. Son sistemas bien desarrollados, bien articulados, bien establecidos. No se basan en mitos erráticos, en la magia o en la superstición. A veces se los desecha de ese modo, pero estos sistemas médicos llamados* **alternativos** *representan recursos muy completos*».

Como ejemplo de esta definición, Hiroshi Doi, director de la Asociación de Sanación de Reiki Moderno de Japón, señala que el maestro Usui afirmaba que toda la existencia del universo posee Reiki, denominando Reiki a la energía cósmica que es el origen de toda existencia en el universo. Se refería a la "onda energética del amor" emitida por la "existencia superior", que no es otra cosa que "luz" pura.

Y para concluir, Doi nos dice: «*Considero que Reiki, que es la energía cósmica, es la energía que dio origen al macrocosmos, generó el sistema solar, engrendró vida al globo terráqueo, la mantiene en un orden disciplinado y continúa evolucionándola constantemente, siendo la energía que da origen a todos los sucesos y fenómenos que ocurren en el universo*».[3]

No apenas para el siglo XXI, sino para la eternidad.

---

3. *Hiroshi Doi*, Método Moderno de Reiki para la Curación, *Uriel, 2001.*

GLOSARIO

Acupuntura: la más antigua práctica terapéutica sistematizada que se conoce en el mundo, atribuida a Huang Ti (China, 2697-2597 a. C.). Se basa en hacer circular la energía sutil llamada *Ch'i* a través de catorce meridianos definidos en el cuerpo humano. Agujas muy finas se insertan en puntos específicos y diseminan dicha energía con fines sanadores.

Aikido: arte marcial y disciplina espiritual japonesa creada por Morihei Ueshiba, como recurso de autodefensa centrado en el manejo de la energía *Ki*.

Amitabha: Buda de la "luz infinita", una de las representaciones más importantes de la Iluminación Perfecta dentro del budismo Mahayana. Se le debe el Sutra del Loto.

Aura: envoltura energética (energía electromagnética) que rodea al cuerpo humano, llamada también *"atmósfera humana"*. Su color y densidad varía de acuerdo a los estados de salud o de ánimo. Los clarividentes la describen como una especie de huevo gigante de energía sutil, también presente en los demás seres vivos, las plantas y los cristales.

Bodicita: la "mente iluminada", la mente que aspira a la perfección sin condicionamientos.

Bodisatva: en el budismo, alguien que ha realizado la Verdad (el Infinito), tanto intuitiva como intelectualmente, y también es portador de la *bodicita.*

Chakras: siete vórtices de energía humana que configuran el resto del sistema energético corporal. Su estudio es de origen indo-tibetano y son tomados en cuenta por algunas escuelas de Reiki. No forman parte de las prácticas enseñadas por la señora Takata.

215

Chamán: adherente a tradiciones nativas visionarias que se remontan a la prehistoria del hombre. Se remite al mundo de los espíritus para convocar aliados que contribuyan a sus ceremonias de sanación o adivinación.

Dharma: la enseñanza de Buda, expresada con palabras, sin palabras o más allá de las palabras.

Hara: en japonés, "barriga", la región vital abdominal que abarca desde la base del esternón hasta el tope del hueso pubiano.

Huna: enseñanza secreta de los *chamanes* de la Polinesia, basada en el manejo de la energía *mana*, sinónimo de *ki* o *chi*.

Iatrogenia: impactos perjudiciales de la medicina convencional (alopática) en el cuerpo humano, ya sea por tratamientos agresivos o uso de medicamentos contraindicados.

I Ching: llamado también *Libro de los Cambios*, clásico de la práctica esotérica china enfocada en las polaridades complementarias *yin* y *yang*. Se usa como oráculo, y desarrolla figuras de seis líneas enteras o cortadas que se denominan *hexagramas*.

Iluminación: realización intuitiva de la Realidad Suprema, o Verdad. Entendimiento cúspide que aproxima a las realidades del Infinito.

Kahunas: guardianes de los secretos *huna*.

Kiko: nombre japonés aplicado a la práctica del *Qi Gong* chino.

Mahayana: llamado también "Gran Vehículo". Una de las dos ramas mayores del budismo. El practicante o *bodisatva* busca la iluminación en beneficio de todos los seres y renuncia al *nirvana* hasta que todos hayan sido liberados del sufrimiento. La otra rama se denomina Hinayana o "Pequeño Vehículo".

Mana: energía vital universal según los nativos de la Polinesia.

Mandala: "círculo y circunferencia", representación gráfica simbólica de las fuerzas cósmicas bajo formas bi o tridimensionales. Se usa frecuentemente como apoyo de las prácticas meditativas.

Mantra: palabra o frase que se repite mentalmente durante prácticas sanadoras o ejercicios de meditación, en el hinduismo y el budismo. El término original sánscrito significa *discurso* y también "instrumento del pensar". Entre los más conocidos se encuentra el *Om* o *Aum* (considerado como sílaba sagrada).

Mikkyo: "enseñanza secreta" u oculta, término general del budismo esotérico japonés.

Nirvana: estado sublime de liberación del sufrimiento y de los falsos dualismos. Realización absoluta.

Qi Gong (Chi Kung): escuela de la medicina china que ve en el cuerpo humano una serie de senderos energéticos por los cuales fluye la energía vital. Manipula dicha energía, con la salud como objetivo.

Samsara: en el budismo, la existencia cíclica. Ciclo del nacimiento, muerte y renacimiento. Ámbito de la ignorancia, contrapuesto al *nirvana*.

Shiatsu: significa "presión con los dedos". Sistema terapéutico de masaje creado en Japón, basado en la manipulación de los puntos y meridianos de la acupuntura.

Shingon: rama budista esotérica, llevada durante el siglo VII desde China a Japón por el monje Kukai, en base a enseñanzas eminentemente *tántricas*. Se traduce como "Palabra Verdadera".

Shintoísmo: religión oficial del Japón (basada en el culto de la naturaleza y los anteccsores) a partir de 1868, asumida como "camino de los dioses". Después de la Segunda Guerra Mundial, en 1946, el derrotado emperador Hirohito renunció formalmente a dicho culto, que sigue contando con numerosos templos y adherentes.

Shogun: linaje de líderes militares japoneses que hasta 1868 ejercieron un dominio político absoluto bajo el poder nominal del emperador.

Sinergia: en física, el efecto multiplicador que dos o más substancias asociadas no logran producir separadamente. En teología, describe la regeneración que se produce cuando se combinan la voluntad humana y la gracia divina.

Sintonización: práctica común en todas las formas de Reiki practicado en Occidente. El proceso que lleva a cabo el maestro con el principiante consiste en dibujar con su mano los símbolos de Reiki en sus meridianos y su *aura* (o cuerpo energético). También puede hacerse sobre los *chakras*. Potencian al alumno para que se aplique Reiki a sí mismo o a los demás, y facilita la conexión con la fuente universal.

Sutra: enseñanza de Buda, en forma de discurso o recitado. Originalmente en idiomas sánscrito o pali, traducidos luego al tibetano, chino y otras lenguas.

Tanden: en japonés, *seika tanden*. Centro vital abdominal de los seres humanos situado a mitad del camino entre el ombligo y el tope del hueso pubiano.

Tantra: conjunto de antiguas enseñanzas budistas de naturaleza esotérica, a veces con recursos de magia o estudio minucioso de textos rituales. Su origen son enseñanzas profundas que Buda transmitía a pocos discípulos para evitar que fueran mal usadas y causaran daños a los demás.

Tao: el camino exacto, inequívoco.

Tierra Pura: también llamada *dewachen* por los tibetanos. Fue establecida por el Buda Amitaba como refugio de las "almas perdidas y deambulantes".

Tendai: segunda gran escuela japonesa del budismo *mikkyo*, introducida en el país por el monje Saicho.

Terma: núcleo de magna sabiduría intemporal que los grandes maestros budistas tibetanos "anidaban" en el inconsciente colectivo u ocultaban en cuevas o rocas, a disposición de las mentes esclarecidas que los sintonizaran y asumieran durante reencarnaciones posteriores.

Vajrayana: escuela budista derivada del Mahayana, centrada en la compasión y conocida también como "vehículo diamantino".

Vedas: colección de cuatro textos sagrados de la India, redactados entre los años 1800 y 1200 a. C. En sánscrito significan *conocimiento*. Contienen infinidad de cánticos, *mantras*, himnos, encantamientos y rituales devocionales.

Zazen: literalmente, en el budismo Zen, "sentarse" (y sólo meditar).

Zen: forma del budismo que surgió de la filosofía taoísta de India y China, implantándose en Japón. Se concentra en "la enseñanza silenciosa más allá de las palabras".

ÍNDICE

Deva's

The Power of Gems

Reiki
The Power of Gems

Un CD con cincuenta y tres minutos
de música especialmente concebida
para armonizar las prácticas.

OTROS TÍTULOS
Healing • Deva of Nature
Mystic Bell • Saraswati

LIBROS PUBLICADOS EN ESTA SERIE:

• Cómo sanarnos con Homeopatía

• Sanarnos con Flores de Bach

• Sanarnos con Plantas

• Sanarnos mediante la Alimentación